新媒体·新传播·新运营系列丛书

DUANSHIPIN
YU ZHIBO YINGXIAO

■主审　杨　帆　■主编　石佳庆　冯　磊

短视频与直播营销

航空工业出版社
北　京

内 容 提 要

本书注重培养学生的综合能力及职业素质，采用项目任务教学方式，先介绍短视频与直播营销的基础知识，再结合实际应用讲解利用短视频与直播进行营销活动的具体流程和方法。全书共分为7个项目，内容包括短视频与直播营销流程、短视频内容策划、短视频拍摄与剪辑、短视频发布与推广、直播营销前期策划与中期实施、直播营销后期传播与数据复盘、“短视频+直播”案例综合实战。

本书可作为各类院校电子商务、新媒体、网络营销、直播电商服务等相关专业的教材，也可作为相关从业人员的自学参考用书。

图书在版编目（CIP）数据

短视频与直播营销 / 石佳庆，冯磊主编. -- 北京 : 航空工业出版社，2023.1(2025.11重印)
ISBN 978-7-5165-3246-1

Ⅰ. ①短… Ⅱ. ①石… ②冯… Ⅲ. ①网络营销 Ⅳ. ①F713.365.2

中国国家版本馆CIP数据核字(2023)第006927号

短视频与直播营销
Duanshipin Yu Zhibo Yingxiao

航空工业出版社出版发行
（北京市朝阳区北苑路58号楼20层 100012）
发行部电话：010-85672666 010-85672683 读者服务热线：010-85672635

北京鑫益晖印刷有限公司印刷 全国各地新华书店经售
2023年1月第1版 2025年11月第4次印刷
开本：787×1092 1/16 字数：220千字
印张：13.5 定价：68.00元

本书编委会

主　审　杨　帆

主　编　石佳庆　冯　磊

副主编　陈国良　杨　巍　卢晓磊

段欢欢　牛召亚

PREFACE 前言

近年来，在国家文化政策支持、网络基础设施和移动宽带加速普及，以及视频技术日趋成熟等利好因素的推动下，短视频与直播行业高速发展，越来越多的企业开始关注短视频与直播。为了赢得市场并实现长远发展，企业需要拥有更多短视频与直播营销方向，且具有前沿的营销意识和观念、过硬的职业技能、脚踏实地的职业精神等素质的人才，以全面提升自身的市场竞争力。

为满足企业对相关人才的需求，我们参考多所院校的人才培养方案，结合短视频与直播营销相关岗位的实际需要编写了本书。本书精心编排理论知识和实践内容，详细介绍了短视频与直播营销的基础知识和实际应用，帮助学生掌握企业所需的基本职业技能，从而在相关岗位上大显身手！

本书特色

一、春风化雨，立德树人

党的二十大报告指出：“育人的根本在于立德。”本书有机融入党的二十大精神，将价值塑造、知识传授和能力培养三者融为一体，尽可能选取既对应相关知识点，又能够体现核心素养并与实际应用紧密相关的案例，同时在正文中适时安排了“拓展阅读”栏目，将能够体现文化素养、道德修养等的内容潜移默化地融入知识和技能教育，努力做到既育才更育人，让学生自觉将人生追求同国家发展进步紧密结合起来，成为有担当、高素质、高水平的专业型人才。

二、校企合作，案例实用

本书邀请相关企业专家参与和指导编写，书中所选取的案例都与实际应用紧密相关，可以使学生更好地理解所学知识，做到即学即练、学以致用。此外，本书还可以锻炼学生的工作思维和实践技能，帮助学生更快地适应企业岗位。

三、全新形态，全新理念

本书使用以任务为驱动的项目教学方式，除讲解综合案例的项目七仅包含任务内容外，其他项目均包含以下内容。

（1）项目首页。每个项目的首页都安排有项目导读、知识目标、能力目标和素质目标，让学生在学习项目前做到心中有数。

（2）启发案例。在讲解任务前选用与当前项目联系紧密的案例，帮助学生了解行业前沿信息，提升自身综合素质。

（3）多个任务。每个项目具有多个任务，每个任务均包含“问题导入”“必备知识”“任务实施”3个部分。“问题导入”部分针对本任务的知识点提出几个问题，使学生带着疑问学习，并在学习过程中逐渐找到答案；“必备知识”部分主要讲解相关知识点；“任务实施”部分讲解实践案例。

（4）项目实训。在各个任务讲解完成后，对项目内容进行整合练习，考验学生的动手能力。

（5）课后习题。在项目实训结束后，考察学生对知识点的学习情况。

（6）学习成果评价。在项目的最后安排学习成果评价表，可以对学生的学习情况进行评价。

此外，正文中还安排了“提示”“知识拓展”等栏目，适时提醒学生在学习中需要注意的问题。

四、数字资源，丰富多彩

本书配备了丰富的数字资源（如微课视频、优质课件、素材与实例、习题答案等），还提供了一站式教学平台。学生可以登录文旌综合教育平台“文旌课堂”（www.wenjingketang.com）下载相关数字资源包并体验平台式教学。

此外，本书还提供了在线题库，支持“教学作业，一键发布”，教师只需通过微信或“文旌课堂”App扫描扉页二维码，即可迅速选题、一键发布、智能批改，并查看学生的作业分析报告，提高教学效率、提升教学体验。学生可在线完成作业，巩固所学知识，提高学习效率。

本书编写队伍

本书由杨帆担任主审，石佳庆与冯磊担任主编，陈国良、杨巍、卢晓磊、段欢欢与牛召亚担任副主编。在本书编写过程中，编者参阅、借鉴了诸多著作和资料，在此，谨向相关作者表示诚挚的谢意！

由于编者水平有限，书中存在的不足之处，恳请各位读者批评指正，以便再版时修订、完善。

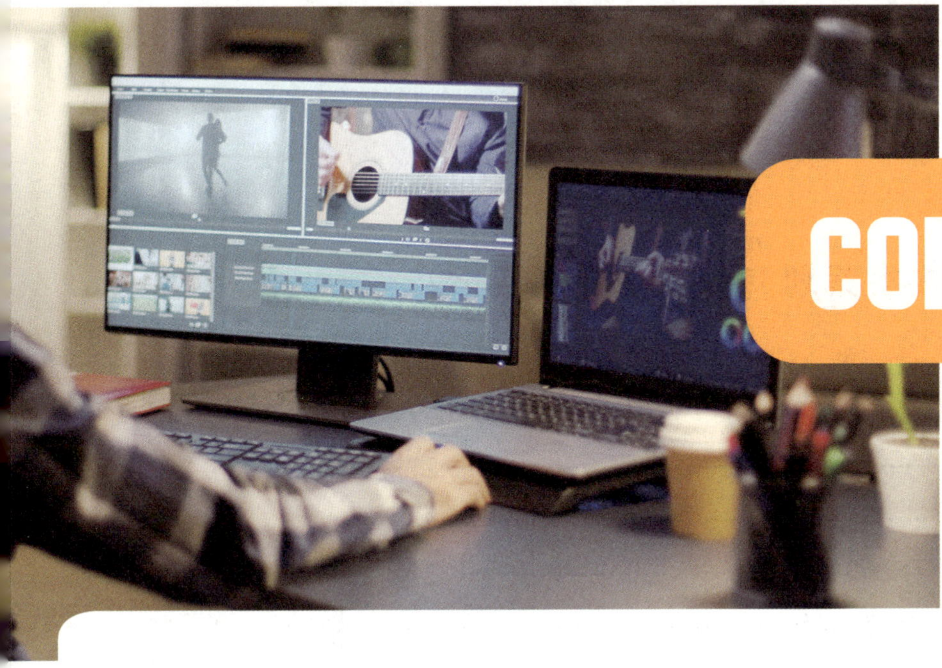

CONTENTS

目录

项目一

短视频与直播营销流程

项目导读

近年来，短视频与直播行业的市场占有率节节攀升。有数据显示，用户观看短视频的时长已经超过了使用即时通信软件的时长，巨大的用户规模吸引了更多人投入短视频行业。网络直播行业的规模也在不断扩大，在各地方政府的积极鼓励下，直播电商的营销模式飞速发展，各行各业都在踊跃入驻直播平台。

本项目主要介绍短视频与直播营销的相关知识，包括短视频与直播的概念、特征和类型，短视频营销与直播营销的概念、方式和流程等。

知识目标

- 了解短视频与短视频营销。
- 了解直播与直播营销。

能力目标

- 掌握短视频营销流程。
- 掌握直播营销流程。

素质目标

- 培养主动思考的能力，养成勤于思考的习惯。
- 树立做事有规划的意识。

启发案例

京东“618”：“短视频+直播”大促

自2020年起，“短视频+直播”的营销模式成了新时代的流量风口。京东平台积极创新，利用“短视频+直播”的营销模式，成功促进了本平台的商品销售。

在2020年的京东“618”活动中，京东积极地与快手进行合作，双方在京东“618”期间推出“双百亿补贴”活动，并且启动了京东快手品质购物专场，使消费者能够通过快手购买京东的自营商品。在直播方面，京东推出了“草莓音乐节”“总裁价到”等直播活动，邀请了数百位明星和500余名企业高管与消费者互动，甚至部分企业的总裁也加入了“高管直播秀”活动，以促进本企业商品的销售。京东“618”活动当年的总销售额成功超过了2019年。

2021年，京东“618”活动继续扩大影响。5月31日，京东与北京卫视重磅打造了“京东618沸腾之夜”热爱直播盛典，如图1-1所示。此次直播盛典采用“4+1”多路直播的创新组合，邀请了实力唱将与新生代演员代表等三十余位明星艺人，用跨界碰撞点燃夏夜焰火。整场直播盛典收视热度居高不下，台网累计观看人次达2.52亿，CSM35城最高收视点达2.8%，位列晚间节目第一。直播盛典开播当天，微博上的相关话题阅读总量超100亿，官方微博账号涨粉14万，取得了良好的营销效果。

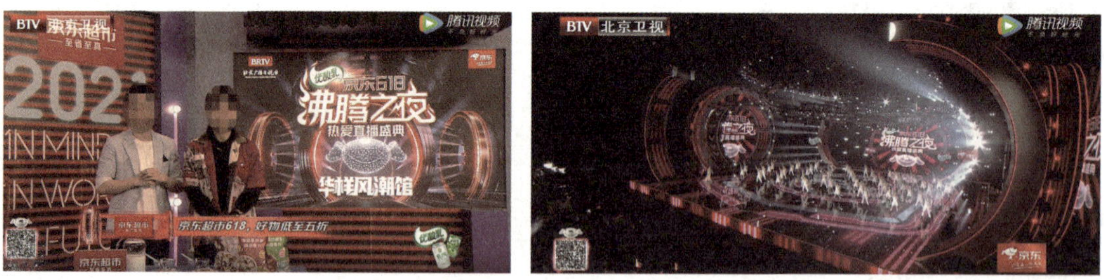

图1-1 “京东618沸腾之夜”热爱直播盛典

（资料来源：https://zhuanlan.zhihu.com/p/540939660，有改动）

任务一　认识短视频营销流程

问题导入

短视频作为一种新型视频形式，不仅创新了娱乐方式，充分满足了人们的娱乐需求，还加速了信息传播，使人们获取资讯更加迅速和便捷。在学习本任务之前，请读者思考以下问题。

（1）短视频有哪些特征，它分为哪些类型？

（2）短视频营销的方式有哪些？

（3）如何进行短视频营销？

必备知识

一、短视频概述

（一）短视频的概念

短视频即短片视频，是指在各种新媒体平台上播放的、适合在移动状态和短时休闲状态下观看的、高频推送的视频内容，视频时长几秒到几分钟不等。

此外，短视频也是一种互联网内容传播方式，如今已经成为网络新媒体时代不可缺少的信息传播载体。伴随人工智能、虚拟现实、大数据等技术的发展，短视频也将面临更具挑战和更加精彩的未来。

（二）短视频的基本特征

短视频具有播放时长短、制作周期短、创作成本低、内容精练生动、互动性强等特征，可概括为“短小精悍”。

1. 短

短视频的“短”主要体现在播放时长短和制作周期短两方面。

（1）播放时长短。短视频的播放时长一般不超过5分钟，最短的只有几秒，符合用户碎片化的阅读习惯。

（2）制作周期短。短视频的制作周期一般为1～3天，简单的短视频几个小时甚至几分钟就可以制作完成。

2. 小

短视频的“小”主要体现在制作团队规模小和成本投入少两方面。

（1）制作团队规模小。由于短视频没有特定的表达形式，对拍摄方式和制作团队等没有过多要求，所以创作门槛较低，几个人的小团队或个人即可完成制作。

（2）成本投入少。短视频对设备和制作技术的要求较低，往往一个人一部手机就能完成拍摄和制作，大大减少了成本的投入。

3. 精

短视频的“精”主要体现在内容方面。大多数用户在获取信息时会更倾向于观点鲜明、言简意赅的信息，使用短视频所传播的内容大多都是此类信息，这类信息更容易被用户理解和接受。

4. 悍

短视频的“悍”主要体现在用户体量大、互动方式多两方面。

（1）用户体量大。短视频的用户数量较多且非常活跃，据统计，2021年短视频用户达到9.34亿，人均单日使用时长达125分钟。

图1-2　哔哩哔哩平台交流弹幕

（2）互动方式多。短视频用户可以通过平台对作品进行点赞、评论和分享等操作，在观看视频的过程中还可以发送弹幕。例如，在哔哩哔哩平台上观看短视频时，用户可以通过弹幕进行交流，如图1-2所示。创作者可以根据用户的反馈调整后续创作的内容。

（三）短视频的类型

目前，针对不同的用户群体，各大平台上的短视频类型也是多种多样的。根据创作题材和呈现内容划分，短视频主要可分为搞笑剧情类、纪录片类、知识技能类、采访类、创意剪辑类、个人风格类、生活类、资讯新闻类和商品展示类等。

短视频的类型

1. 搞笑剧情类

搞笑剧情类短视频是以录制或改编生活中的搞笑事例为主进行创作的，通常会利用反转、对比等方式增强内容趣味性。例如，某网络新锐导演创作的短视频《打篮球嘛，有点嘲讽是正常的》利用谐音制作出反转的喜剧效果，充满了创意与欢乐，如图1-3所示。

图1-3　搞笑剧情短视频

2. 纪录片类

纪录片类短视频是对事物、景物、人物或事件进行真实客观的描述，其素材选取范围广泛且表达方式稳定。例如，某创作者制作的短视频《新疆空中湖泊——大西洋的最后一滴眼泪》，利用大量无人机俯拍画面客观地展现了赛里木湖的美丽风景，如图1-4所示；某创作者制作的建筑解说短视频，为观众描述了北京松美术馆的设计理念和建造过程，如图1-5所示。

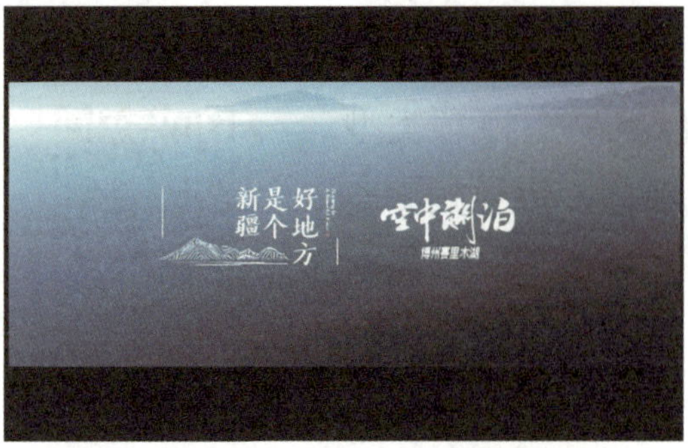

图1-4　赛里木湖风景展示短视频

图1-5　建筑解说短视频

3．知识技能类

知识技能类短视频以呈现专业性、知识性等内容为主，包括美妆、美食、生活常识、科学技术、书评等多个方面。例如，某创作者发布的以美食制作教学为主题的短视频便属于知识技能类，如图1-6所示。

图1-6　美食制作教学短视频

4．采访类

采访类短视频有两种形式较为常见，一种是街头采访类，另一种是人物访谈类。街头采访类短视频制作成本较低，话题性强，互动性强，制作流程简单，场景无须精心布置，只需随机在街头采访路人即可完成拍摄，如图1-7所示。人物访谈类短视频制作成本较高，流程复杂，需要精心布置访谈场景并营造出较专业的访谈氛围。例如，人物访谈类短视频《透明人》往往会根据采访对象的特点布置访谈场地，这样不仅提高了短视频的专业性，还为采访对象提供了轻松愉悦的访谈环境，如图1-8所示。

图1-7 街头采访类短视频

图1-8 人物访谈类短视频《透明人》

5．创意剪辑类

创意剪辑类短视频是指用专业剪辑手法对已有的画面进行剪辑，用精彩的视听语言吸引用户。常见的创意剪辑类短视频主要有两种形式，一种是混剪类，另一种是解说类。混剪类短视频是利用剪辑技巧，将原有素材（如视频片段、精美画面等）剪辑制作成精美震撼或独具创意的作品，如图1-9所示。解说类短视频是将正常时长的电影或电视剧等剪辑成几分钟，并加入解说、评论等元素再次创作成新的作品，如图1-10所示。

图1-9 混剪类短视频

图1-10 解说类短视频

6．个人风格类

个人风格类短视频主要是通过展示人物性格特点或人物形象特质吸引用户关注。这类短视频往往具有浓烈的个人特色，拥有特定的人设。例如，某创作者的短视频中主角以古风换装为个人特色，打造了能够驾驭各种风格的百变主角形象，如图1-11所示。

7. 生活类

生活类短视频以展示短视频创作者的生活环境和生活状态为主，能够打破时空界限，拓展观众眼界，让观众体验不一样的人生。这类短视频有旅行、个人Vlog等题材。旅行类短视频可以让观众足不出户就能享受美景，如图1-12所示；个人Vlog类短视频可以让观众观看他人生活日常，了解不一样的生活方式，如图1-13所示。

图1-11　古风换装短视频

图1-12　旅行类短视频

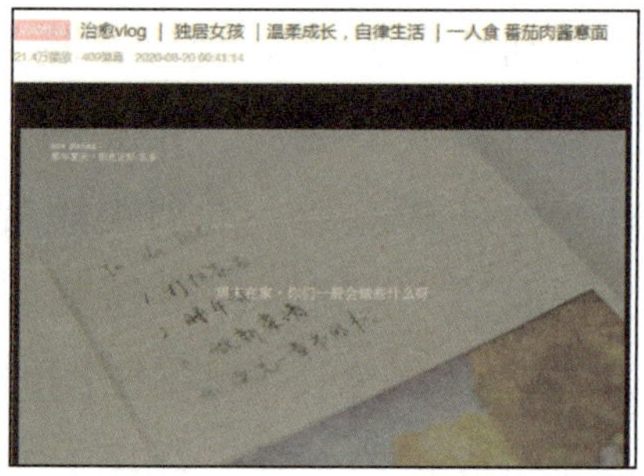

图1-13　个人Vlog类短视频

8. 资讯新闻类

资讯新闻类短视频以记录和报道时事新闻为主，包括具有社会意义和公共价值的事件、社会与自然环境的变化，以及各种新发现、新事物等。看看新闻、梨视频等平台的短视频大部分属于此类。

9. 商品展示类

商品展示类短视频以呈现商品的外观、特点和功能为主，是各大电商平台用于商品展示的重要方式，淘宝、京东等购物平台上的短视频大多属于此类。

二、认识短视频营销

（一）短视频营销的概念

短视频营销是内容营销的一种，它主要借助短视频向选择的目标用户群体传播有价值的内容，吸引用户了解企业品牌、产品和服务等，从而形成交易。短视频营销最重要的就是找到目标用户群体和创造有价值的内容。

相较于传统的营销方式，短视频营销的灵活性更强、传播范围更广、目标更明确、成本更低、互动性更强、感知性更强。当短视频的影响力足够大时，这种营销方式还会产生引流的作用。

（二）短视频营销的方式

各种类型的短视频都能够进行营销，创作者可以选择适合自己的营销方式进行营销。

1. 直接展示

对于本身具有创意性或真实实用的商品，可以直接以该商品为主题制作短视频，利用商品本身的话题性进行营销，提升商品的知名度，吸引感兴趣的用户购买。

2. 间接展示

对于无法直接展示的商品，创作者可以通过展现新鲜体验、提供情感联结等方式进行营销。例如，创作者可以创作以展现新鲜体验为主题的短视频，在短视频中呈现多元化的生活方式，带给用户全新的认知，引发用户对新鲜事物产生好奇心，从而产生精神需求。这类短视频中通常会有核心的品牌或商品，用户只需要购买它们就能够获取与短视频中同样的体验，从而激发用户的购买欲望。

3. 广告植入

广告是非常传统的营销方式，短视频也可以利用广告植入进行营销。

（1）直接插入广告。这种方式是指在原本短视频内容的中间直接插入定长的广告片段以宣传商品。这种方式的好处是不影响短视频本身的主题和风格，缺陷是形式较为直接，用户接受程度不高。

（2）与短视频内容结合。这种方式是指短视频在策划阶段就考虑好如何将广告与短视频的内容相结合，利用台词植入、剧情植入、道具植入、奖品植入等方式自然而然地在短视频的内容中将商品展示出来，提高用户对广告中商品的接受程度。

4. 品牌推广

品牌推广是指品牌企业为了推广自己的商品，创建账号自行制作推广短视频。相较于电视广告营销，企业利用短视频进行推广营销能够收获更加良好的推广效果，使企业影响更具穿透力。对于已经具有足够知名度的品牌，也可以制作短视频加深用户记忆，从而提醒用户复购，达到营销目的。

任务实施

短视频营销的流程包括确定短视频选题、策划短视频内容、拍摄短视频、剪辑短视频、发布短视频与推广短视频。

步骤1 确定短视频选题。在拍摄短视频前需要确定选题，选题关系着短视频的目标用户，也影响着短视频内容的深度和广度。一个具有创意、足够吸引人的选题能够在第一时间抓住用户的注意力。

步骤2 策划短视频内容。在确定选题后，短视频创作者还需要策划短视频的具体内容，包括主题风格、内容设计、视频时长、脚本设计等。这一环节也是短视频营销的核心环节。

步骤3 拍摄短视频。这一环节考验短视频创作者的实际动手能力，短视频创作者需要准备合适的拍摄装备，设计更加美观的画面，将前期预想的画面拍摄出来，如图1-14所示。

图1-14　拍摄短视频

步骤4 剪辑短视频。这一环节也是短视频营销的重要环节，它可以决定短视频最终的呈现效果。剪辑时，短视频创作者需要合理地搭配画面、特效和背景音乐，并且充分了解用户想要看到什么，这样才能制作出更受欢迎的短视频，如图1-15所示。

图1-15 剪辑短视频

步骤5 发布短视频。短视频制作完成后就可以将其发布到短视频平台上，这时需要为短视频设计封面、标题、文案等内容，并为其设置标签，以扩大短视频的影响力，吸引更多用户观看。

步骤6 推广短视频。短视频发布之后还需要进行推广，短视频创作者在该环节中需要及时跟进短视频在平台上的数据变化，并与观看视频的用户进行互动，同时可以将短视频分享到其他平台，增加曝光，达到引流的目的。

任务二 认识直播营销流程

问题导入

2016年，网络直播大潮以迅雷之势崛起，成为最受关注的互联网“风口”之一。一时间，各类直播平台层出不穷，“人人皆可做主播”的口号吸引了大量直播用户。截至2022年6月，我国网络直播用户规模达7.16亿，以直播为载体的营销全面爆发，直播已经成为各行各业开展营销活动的重要方式。在学习本任务之前，请读者思考以下问题。

（1）直播的类型有哪些？

（2）直播营销的目的有哪些？

（3）直播营销的方式有哪些？

（4）如何进行直播营销？

必备知识

一、直播概述

（一）直播的概念

《广播电视辞典》对直播的界定是“与广播电视节目的后期合成、播出同时进行的播出方式”。也就是说，传统意义上的直播是指以电视或广播等传统媒体为载体的现场直播方式，如文艺活动直播、体育赛事直播（见图1-16）、新闻直播等。

图1-16　体育赛事直播

随着网络技术的发展，尤其是移动互联网的普及，直播的概念有了新的拓展，越来越多基于互联网的直播活动开始涌现。这种直播形式是指用户以某个直播平台为载体，利用摄像头记录某个事件（如产品发布会、访谈、旅行、演唱会等）的发展进程，整个过程将在网络上实时呈现，其他用户可以在相应的直播平台上进行观看并与之实时互动。

互动讨论

回忆你观看过的印象最深的一场直播。对于这场直播，你最大的感受是什么？

（二）直播的类型

根据直播内容的不同，可将直播分为不同的类型，如资讯直播、电商直播、泛娱乐直播和游戏直播等。

1. 资讯直播

资讯直播主要以播放新闻为主。在一些重大事件的传播中，资讯直播能够满足人们对于强时效性信息的追求。

2. 电商直播

电商直播是指主播借助直播的形式推荐并销售商品的活动。电商直播以电商为基础，借助直播带来的流量实现订单转化。一般来说，直播营销的直播类型就是电商直播。

3. 泛娱乐直播

泛娱乐直播所包含的领域很多，如体育赛事、唱歌跳舞、情感电台等。泛娱乐直播已经成为当下非常受欢迎的娱乐方式之一。

4. 游戏直播

游戏直播主要是主播播放自己进行游戏的画面，或讲解游戏攻略、分享游戏经验等。

二、认识直播营销

直播营销的优势

（一）直播营销的概念

基于互联网的直播不仅丰富了互联网的内容表现形式，还拓展了传统的商业营销模式，给企业带来了一种新的营销方式——直播营销。所谓直播营销是指企业以各类直播平台为载体开展营销活动，以达到提升品牌影响力、提高产品销量的目的。

相较于短视频营销，直播营销的互动性更强且具有实时性，即在直播过程中，用户可以实时对直播进行反馈，直播团队也可以实时获取并处理这些反馈。此外，直播营销的营销效果延续时间更长，即直播活动结束后，企业可以在各大平台上传直播回放视频，使没有观看直播的用户了解企业的商品。

（二）直播营销的目的

直播营销活动就是围绕营销目的展开的直播活动，在策划直播营销活动前，首先要做的工作就是明确直播营销的目的。通常来说，直播营销的目的可以大致分为短期销售、持久性销售和提升知名度3种。

（1）短期销售。如果本次直播只是想要快速提高商品销量，那么直播的策划就要围绕销售商品进行。具体的营销方法包括在直播中加入“低价”“优惠”“限时福利”等字眼，吸引用户观看并购买。

（2）持久性销售。这类直播的目的是希望借助直播平台持续销售，获得比较稳定的目标用户。在策划这类直播时，应该从自身商品的优势和特点出发，最好以对比的方式突出商品的特色，或者直接在直播中教授用户一些与商品有关的实用性知识和技巧，这样可以增强用户的黏性。

（3）提升知名度。如果直播的目的是提升企业知名度和品牌影响力，那么在策划这类直播活动时，要把目光放长远，直播中需体现企业的文化价值和品牌理念，让用户通过直播就可以感受到企业的文化内涵。

（三）直播营销的方式

根据直播吸引点划分，直播营销的方式可分为7种，分别是对比营销、才艺营销、明星营销、稀有营销、形象营销、利他营销和采访营销。企业在策划直播营销活动时，可以根据自身情况和营销目的，选择最佳的一种或几种组合的营销方式。

1. 对比营销

人们在购买商品时都喜欢“货比三家”，以选择性价比更高的商品，但有时也会因为不够专业而无法辨识商品的优劣，这时企业就可以将直播商品与竞品进行对比，从专业的角度出发，向用户进行差异化展示，增强某款商品的竞争力。

例如，在美妆类直播间，主播在介绍不同的口红时，经常会将各种口红涂在手臂上，如图1-17所示。这样可以更直观地展示不同口红色号之间的差异，方便用户通过对比选择自己喜欢的口红。

2. 才艺营销

在直播中进行才艺表演也是一种很受欢迎的营销形式。不管主播是否有名气，只要有过硬的才艺，就可以吸引一定的用户前来观看，如钢琴、绘画、舞蹈，还有近两年比较受欢迎的脱口秀等。才艺营销可以围绕才艺表演中使用的工具类商品展开。例如，绘画类主播在进行才艺展示时，将直播中用到的绘画工具放在橱窗中售卖，达到营销效果，如图1-18和图1-19所示。

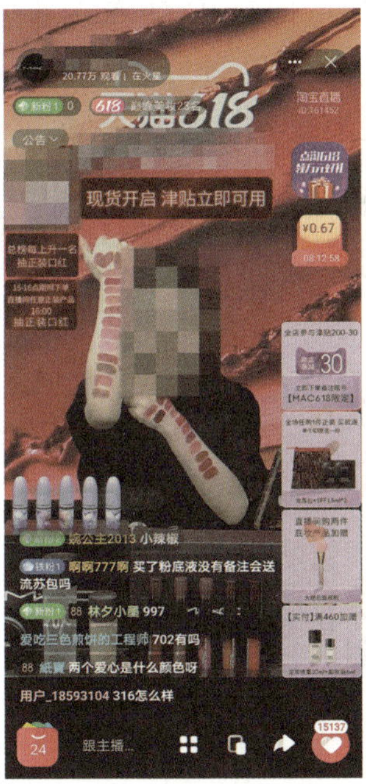

图1-17 主播在直播间展示不同的口红色号

图1-18 某绘画主播直播绘画

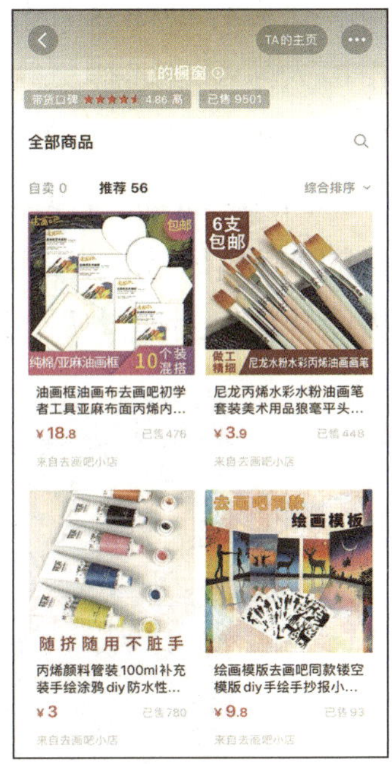

图1-19 主播账号的橱窗界面

3. 明星营销

无论处在哪个时代，明星都是舆论和话题的焦点，其一举一动都会受到大众的关注，而且明星的粉丝忠诚度也相对较高。因此当明星出现在直播间并与粉丝互动时，会提升直播的宣传效果，营销效果也会更好。

例如，一些直播间经常会邀请明星共同直播（见图1-20），将明星带来的粉丝流量转化为直播间的流量，同时也在无形之中提高了用户对直播商品的信任度，促使更多用户下单购买。

4. 稀有营销

稀有营销适用于拥有独家渠道来源的企业，包括独家冠名、知识版权、专利授权、唯一渠道方等。这种营销方式主要是利用稀缺效应制造稀缺感，往往越难购买、价值越高的商品，对人们的吸引力越大。稀有营销不仅可以为用户带来独特的视角和体验，还可以直接提升直播间的人气，无论是对主播还是对企业，都是绝佳的宣传机会。

5. 形象营销

在进行商品选择时，如果商品之间除了外观不同之外其他性能都差不多，相信大家都会选择更为美观的那一款。直播营销亦是如此，形象较好的主播更容易吸引“路人”，而前来观看直播的用户所带来的流量也正是企业所需要的。

因此，企业选择形象好、气质佳的主播进行直播营销，往往会达到事半功倍的效果。例如，在淘宝直播的主界面中，许多直播间都会选择形象较好的主播图片作为封面，吸引用户观看，如图1-21所示。

图1-20　李某与明星金某在直播

图1-21　淘宝直播主界面中形象较好的主播

6. 利他营销

利他行为是指为他人着想的行为，直播中常见的利他行为主要是知识分享，如在直播间向观众分享某些常见商品的妙用，帮助观众提升生活品质或动手能力。利他营销通常用于美妆护肤类或时尚穿搭类商品，主播在向观众传授化妆技巧或穿搭技巧的同时，可以推荐相应的商品，增加商品的曝光度。

7. 采访营销

采访营销就是以互动的形式，通过他人的立场阐述商品的使用心得和感受，来达到营销目的。采访的对象可以是名人嘉宾或行业专家，也可以是路人。采访名人嘉宾，可以增强用户对商品的好感度；采访行业专家，可以从权威的角度对商品进行全方位剖析；采访路人，可以拉近与用户之间的距离，增强信赖感。

三、直播面临的风险及防范措施

直播作为一种新兴文化业态，具有入行门槛低、娱乐性强、形式多样等特点，致使其在发展伊始“野蛮生长”。直播平台的乱象，不仅不利于行业本身的健康发展，也不利于以直播平台为载体进行的商品推广和营销。

因此，无论是否使用直播进行营销活动，都需要了解直播面临的风险并提前做好风险防范工作。

1. 直播词审核

随着直播用户规模的不断扩大，在开展直播营销活动前必须对直播词进行严格审核，防止不恰当的直播词影响企业口碑、违反相关规定，甚至触犯法律。

2021年4月23日，国家互联网信息办公室、公安部、商务部、文化和旅游部、国家税务总局、国家市场监督管理总局、国家广播电视总局等部门联合发布了《网络直播营销管理办法（试行）》（以下简称《办法》），自2021年5月25日起施行。

《办法》规定，直播间运营者、直播营销人员从事网络直播营销活动时，应当遵守法律法规和国家有关规定，遵循社会公序良俗，真实、准确、全面地发布商品或服务信息，不得有下列行为。

（1）违反《网络信息内容生态治理规定》第六条、第七条规定的。

（2）发布虚假或者引人误解的信息，欺骗、误导用户。

（3）营销假冒伪劣、侵犯知识产权或不符合保障人身、财产安全要求的商品。

（4）虚构或者篡改交易、关注度、浏览量、点赞量等数据流量造假。

（5）知道或应当知道他人存在违法违规或高风险行为，仍为其推广、引流。

（6）骚扰、诋毁、谩骂及恐吓他人，侵害他人合法权益。

（7）传销、诈骗、赌博、贩卖违禁品及管制物品等。

（8）其他违反国家法律法规和有关规定的行为。

拓展阅读

《办法》的出台，旨在加强网络直播营销管理，维护国家安全利益，保护公民、法人和其他组织的合法权益，促进网络直播营销健康有序地发展。除直播间运营者和直播营销人员外，《办法》还对直播营销平台和相关监管部门提出了明确的要求。

2. 弹幕监控

弹幕是以字幕弹出的形式在视频画面上显示的观众评论，所有观看直播的观众都可以看到弹幕，它是主播与观众互动的重要工具。直播词可以提前审核，但直播平台上观众的弹幕却无法提前管理，只能实时监控。《办法》规定，直播间运营者、直播营销人员应当依据平台服务协议做好语音和视频连线、评论、弹幕等互动内容的实时管理，不得以删除、屏蔽相关不利评价等方式欺骗、误导用户。

因此，为创建和谐、正规的直播营销环境，直播平台通常会设置“房管”。对于直播过程中利用弹幕谩骂他人、发布低俗内容、过度娱乐化、宣扬拜金主义等的观众，“房管”拥有限制其发言的权利。

3. 侵权检查

开展直播营销活动通常需要许多物料的支持，包括背景板、贴图、玩偶等。直播营销从业人员在使用这些物料前必须仔细检查，保证其不侵权、不违法。此外，《办法》中对使用他人肖像也做出了明确规定：直播间运营者、直播营销人员使用其他人肖像作为虚拟形象从事网络直播营销活动的，应当征得肖像权人同意，不得利用信息技术手段伪造等方式侵害他人的肖像权。

任务实施

直播营销活动并非一场简单的小型活动，如果没有整体的规划与设计，直播营销活动往往无法达到预期的营销目的，甚至无法顺利进行。因此，在开展直播营销活动之前，直播运营团队要对直播营销活动的基本流程进行规划和设计，制订合理的直播营销方案，以保障直播营销活动能够顺利进行。

直播营销的基本流程主要包括7个步骤，如图1-22所示。直播运营团队需要对每个步骤进行策划，以保证活动的完整性和有效性。

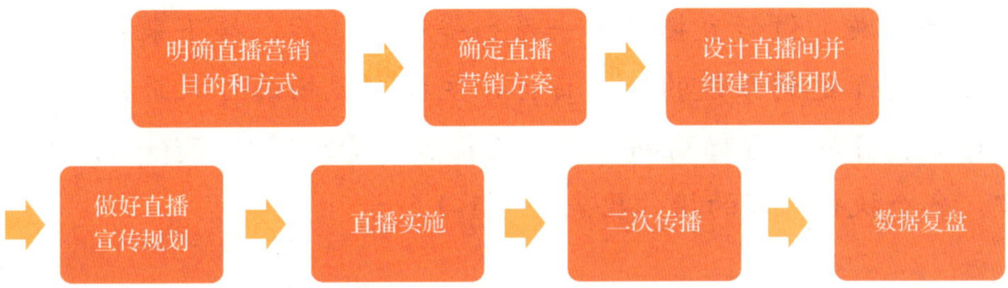

图1-22 直播营销的基本流程

步骤1 明确直播营销目的和方式。对于企业来说，直播只是一种营销手段，企业在开展直播营销活动时不能只有简单的线上才艺表演或互联网话题分享，而是需要围绕营销目的，综合商品特色和目标用户开展直播营销活动。所以，企业在进行直播营销前，需要对目标市场充分调研，明确直播营销的目的，确定营销方式。

步骤2 确定直播营销方案。开展直播营销活动要有完整的营销思路，但仅靠思路是无法达到营销目的的。直播营销方案就是将抽象的思路转换成明确的文字表达，使所有参与直播的人员，尤其是相关项目的负责人了解本次直播营销活动的流程和分工，以保证直播营销活动的顺利进行。

因此，直播营销方案没有必要在营销理念或实施意义等宏观层面进行过度阐述。通常来说，完整的直播营销方案需要包含直播目的、直播简述、人员分工、时间节点和预算控制5个要点，并且方案应尽量简明扼要，直达主题。

步骤3 设计直播间并组建直播团队。为了确保直播的顺利进行，直播运营团队首先需要对直播间进行设计并组建高效的直播团队。直播间的设计包括筹备直播软硬件和布置直播间两部分。设计完成后，还应对直播网站平台、直播软件、网络等进行初步设置与反复调试，以免由于操作不熟练或软件自身问题而在直播现场出现失误。

步骤4 做好直播宣传规划。为了达到良好的营销效果，在直播开始前就对直播活动进行宣传推广是十分有必要的，有时能达到“直播开始前就已经有人进入直播间等候”的效果。与娱乐类直播不同，带有营销性质的直播追求的并不是简单的“在线观看人数”，而是“目标用户在线观看人数”，因此直播运营团队在进行直播宣传规划时要有针对性，尽可能吸引更多的潜在消费者前来观看。

步骤5 直播实施。做好直播前的一系列筹备工作后，接下来就可以正式开始直播了。为了达到预设的营销目标，主播及现场工作人员需要尽可能顺畅地推进直播开场、直播商品营销、直播收尾等环节，确保直播的顺利完成。其中，各个执行环节的操作要点如表1-1所示。

表1-1　直播实施各个执行环节的操作要点

执行环节	操作要点
直播开场	通过开场互动让用户了解本场直播的主题、内容等信息，激发用户对本场直播的兴趣
直播商品营销	通过直播营销话术、弹幕互动等方式，进一步提升用户对本场直播的兴趣，让用户长时间停留在直播间，并产生购买行为
直播收尾	向用户表示感谢并预告下场直播的内容，引导用户关注直播间；将直播间的流量引向销售平台、自媒体平台和粉丝平台等

步骤6 二次传播。直播结束并不意味着直播营销的结束。在直播结束后，直播运营团队应对直播涉及的视频、文字、图片等进行二次加工，如剪辑制作宣传短视频，将它们发布在抖音、微博、微信等平台进行二次传播，让直播营销效果最大化。

步骤7 数据复盘。直播内容二次传播完成后，直播运营团队需要对整场直播营销活动进行复盘，一方面进行直播数据统计并与直播前的营销目标对比，判断直播营销效果；另一方面组织团队讨论并总结本次直播营销活动的经验和教训，做好团队经验备份，为后续开展直播营销活动提供参考。

项目实训

利用互联网，调研网络直播行业的政策法规，以及网络营销相关职业的职业发展。具体可参考如下方式。

（1）访问中国互联网络信息中心（http://www.cnnic.net.cn/），查看最新的《中国互联网络发展状况统计报告》。

（2）搜索“网络直播行业政策法规”，整理搜索到的内容。

（3）搜索《互联网营销师国家职业技能标准》，阅读学习其内容。

（4）访问智联招聘（http://www.zhaopin.com）、前程无忧（http://www.51job.com）、BOSS直聘（http://www.zhipin.com）等线上招聘网站，搜索互联网营销师的相关职位描述。

课后习题

1. 选择题

（1）某短视频创作者发布以美食制作教学为主题的短视频，该短视频属于（　　）短视频。

A. 创意剪辑类　　B. 个人风格类

C. 知识技能类　　D. 生活类

（2）下列关于短视频营销的说法中，不正确的是（　　）。

A. 短视频营销是内容营销的一种

B. 短视频营销主要借助短视频向选择的目标用户群体传播内容

C. 短视频营销比其他所有营销方式都更灵活、传播范围更广

D. 短视频的影响力足够大时会产生引流的作用

（3）一般情况下，直播营销的直播类型是（　　）。

A. 游戏直播　　B. 泛娱乐直播

C. 资讯直播　　D. 电商直播

（4）主播通过直播绘画来售卖画具，属于直播营销中的（　　）。

A．才艺营销　　B．明星营销

C．形象营销　　D．利他营销

2．填空题

（1）以展现新鲜体验为主题的短视频属于短视频营销的________营销。

（2）商家利用消费者“货比三家”的心态，可以开展________营销。

（3）短视频营销的流程包括确定短视频选题、________、________、________、________与推广短视频。

（4）直播营销的流程包括________、________、________、________、________、二次传播与数据复盘。

学习成果评价

完成所有学习任务之后，请读者按照以下要求完成学习成果评价。

全班同学每5人一组，各组成员结合课前、课中和课后的学习情况和项目实训情况，按照表1-2的评价标准对该项目的学习效果进行自评和互评，并请教师进行总体评价。

表1-2　学习成果评价表

评价项目	评价内容	分值	评价得分		
			自评	互评	师评
知识（60%）	短视频的概念与基本特征	10分			
	短视频的类型	10分			
	短视频营销的概念与方式	10分			
	直播的概念与类型	10分			
	直播营销的概念、目的与方式	10分			
	直播面临的风险及防范措施	10分			

表1-2（续）

<table>
<tr><th rowspan="2">评价项目</th><th rowspan="2">评价内容</th><th rowspan="2">分值</th><th colspan="3">评价得分</th></tr>
<tr><th>自评</th><th>互评</th><th>师评</th></tr>
<tr><td rowspan="2">技能（20%）</td><td>短视频营销流程</td><td>10分</td><td></td><td></td><td></td></tr>
<tr><td>直播营销流程</td><td>10分</td><td></td><td></td><td></td></tr>
<tr><td rowspan="4">素养（20%）</td><td>善于团队合作、与人沟通</td><td>5分</td><td></td><td></td><td></td></tr>
<tr><td>按时、积极参加教学活动</td><td>5分</td><td></td><td></td><td></td></tr>
<tr><td>高质量地完成课前预习、课后复习</td><td>5分</td><td></td><td></td><td></td></tr>
<tr><td>具备良好的学习态度</td><td>5分</td><td></td><td></td><td></td></tr>
<tr><td colspan="2">合计</td><td>100分</td><td></td><td></td><td></td></tr>
<tr><td>总评</td><td>自评（20%）+互评（20%）+师评（60%）=</td><td>综合等级：</td><td colspan="3">教师（签名）：</td></tr>
</table>

项目二

短视频内容策划

项目导读

要想在竞争激烈的短视频领域脱颖而出，首先需要精准定位目标用户，并为其构建用户画像，以深入挖掘用户需求，然后以用户需求为中心策划短视频选题，并设计优秀的脚本，为短视频后续的拍摄和剪辑打下良好基础。

短视频的内容策划主要包括目标用户分析，短视频平台的选择，短视频的展现形式、选题策划、内容准备和脚本设计等。

知识目标

- 了解目标用户分析的方法。
- 掌握短视频选题策划的方法和技巧。
- 了解策划优质短视频内容的方法。
- 掌握短视频脚本的类型和设计要点。

能力目标

- 能够精准定位短视频的目标用户，并根据定位确定短视频的投放平台、展现形式和选题。
- 能够灵活运用所学知识设计短视频脚本。

素质目标

- 增强版权意识，在应用素材时注意版权问题。
- 紧跟时事，了解国家最新政策。

启发案例

评测类短视频账号，知识领域的垂直细分

在一个平常的夜晚，一位父亲给女儿包书皮时，书皮传来的刺鼻味道让他产生了警觉。为了证实自己的不安，他自费将书皮送去了检测机构，而检测结果令他咂舌——书皮中含有毒物质。

图 2-1　评测类视频

出于责任，他将检测结果放到了网上，并将检测过程拍成了纪录片，一时间吸引了大量家长的目光。这件事情之后，很多家长来找他检测各种物品，众多家长的期待，领域的稀缺，较大的社会价值，再加上该领域多年的从业经验，最终他决定辞职专职做评测，于是他创建了评测类短视频账号，专注生活用品的检测，如图2-1所示。

该短视频账号使用科学的方法，对市售产品进行调查和检测，发现生活中的有毒产品，担任消费者的质控平台，甄选出安全放心的产品并推荐给公众。

由于该类选题的特殊性，他将物品检测的过程分别用真人口述形式、图文形式和文章形式进行记录，并投放到了各大短视频平台，不仅为用户做了免费的科普，也为自己吸引了大量粉丝。

该短视频账号火了之后，他并没有为了流量，蹭各种社会和网络热点的热度，而是一直坚持自己做账号的初衷，在评测领域做垂直细分，不断深入挖掘。

（资料来源：https://baijiahao.baidu.com/s?id=1722381559154445501，有改动）

任务一　确定短视频选题

问题导入

选题选好，就成功了一半！确定了短视频选题，就能为接下来的短视频制作定下了一个基调。在学习本任务之前，请读者思考以下问题。

（1）制作短视频前为什么要分析目标用户？

（2）常用短视频平台有哪些？

（3）短视频有哪些展现形式？

（4）如何策划短视频选题？

必备知识

一、目标用户分析

短视频是面向用户的，只有被用户接受、受用户喜爱的短视频才会被关注，直至成为爆款。因此，在制作短视频时，首先要对目标用户进行精准定位，然后以用户需求为中心，不断调整短视频内容，提升用户对短视频的满意度。这样一来，就能保证用户的黏着性，避免用户流失，保持短视频发展的稳定性。

定位目标用户时，很多人认为内容越多样化越能吸引更多的用户。实际上，这种定位混乱、试图吸引所有人目光的做法，会使自己的短视频毫无特色，从而被用户遗忘或抛弃。

短视频创作者要想获得成功，就要在短视频内容的选择上做到有针对性地迎合特定群体，从而更快地吸引他们的目光，提升短视频的人气，增加用户的黏着性。例如，如果目标群体为美食爱好者，短视频内容就可以聚焦在美食制作或美食探店等方面。

确定目标用户后，可以通过构建用户画像，进一步了解目标用户的特点与爱好，更好地挖掘用户需求，从而制作出更受用户喜爱的短视频。

用户画像是将真实的用户信息标签化，再利用标签将用户形象具体化，其实质是通过分析用户信息来精准概括用户特征。用户信息数据一般分为静态信息数据与动态信息数据两大类，如图2-2所示。

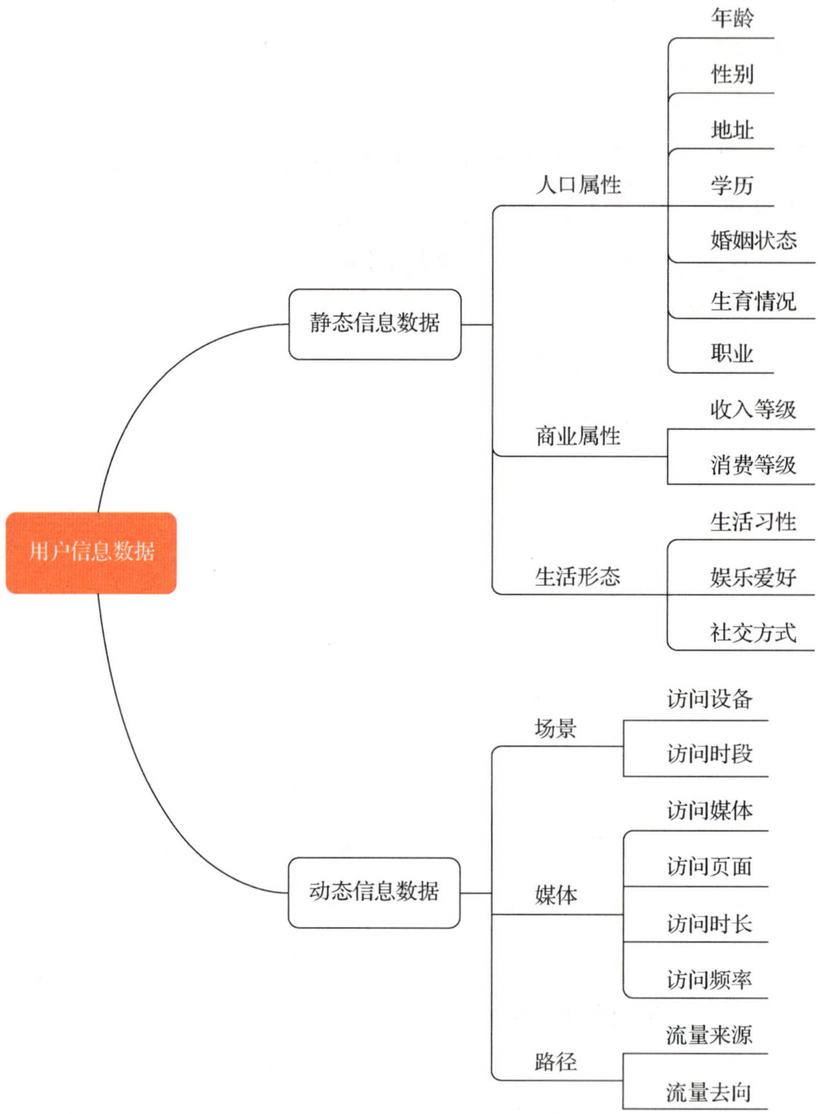

图2-2　用户信息数据分类

其中，静态信息数据是构成用户画像的基本框架，是用户的固有属性，一般不会发生太大变化。而动态信息数据是不断变化的网络行为数据，如一个用户使用手机设备购买一件衣服，或者为某个视频点赞等。在采集用户信息数据，构建用户画像时，并不需要面面俱到，可以进行取舍，只选取与短视频内容定位相关的信息。

将收集的静态信息数据和动态信息数据进行整合后，就可以构建出用户画像。以美食类短视频用户为例，其用户画像如图2-3所示。

图2-3 用户画像

知识拓展

为了提高效率，更加全面地收集用户信息，可以通过一些专业的数据分析平台来获取所需信息。

（1）蝉妈妈（https://www.chanmama.com/）。或者在手机端下载蝉妈妈App。它是一款倾向于短视频电商领域的数据分析平台。

（2）卡思数据（https://www.caasdata.com/）。它是一款短视频+直播领域的数据服务平台，并针对抖音、快手、哔哩哔哩（B站）和微博4大平台提供全方位的监测和分析。

（3）飞瓜数据（https://www.feigua.cn/）。它是一款短视频数据分析平台，还可以对单个视频做数据追踪。

拓展阅读

在信息资料的收集过程中，要严格遵守《中华人民共和国网络安全法》《中华人民共和国安全法》《中华人民共和国个人信息保护法》等法律法规，征得用户同意，并保护用户的信息安全，以免发生法律纠纷。

二、短视频平台的选择

目前，市面上主流的短视频平台包括抖音、快手、哔哩哔哩（B站）和小红书等，可以根据平台特点，并结合短视频内容定位选择平台。

（一）抖音

抖音的目标用户群体为年轻人，以女性用户为主，多来自一二线城市，用户活跃时间有两个高峰期，分别为12:00—13:00，以及19:00—21:00。

抖音具有以下特点。

（1）抖音中的短视频内容大多比较新奇、搞怪，并结合明星资源吸引了大量目标用户。

（2）抖音采用“霸屏”式阅读模式，打造了沉浸式的娱乐体验，降低了用户被打断的概率，并且不设置时间提示，容易使用户忽略时间的流逝，将用户的碎片化时间转换为较长的使用时间。

（二）快手

快手的定位是让普通人被看见，其目标用户群体为三四线城市人群，平均学历较低，喜欢幽默搞笑类的内容，社交互动积极性强。

快手具有以下特点。

（1）快手采用分列陈列，让用户在观看内容上可以有所选择，并且快手中的短视频向上滑动会呈现评论区，鼓励用户与短视频创作者互动。

（2）快手的用户热衷于分享自己的日常生活，对乡村风土人情、方言段子等更有代入感，喜好有烟火气的视频。

（三）哔哩哔哩（B站）

B站早期是一个集动画、漫画、游戏内容创作与分享为一体的视频网站，经过十几年的发展成为涵盖7 000多个兴趣圈层的视频网站。B站的目标用户群体为35岁以下的年轻人，并且新增用户的平均年龄为20.2岁。

B站数量上升最快的5类视频为社科人文、情感、动物圈、美食和科普，其中观看量最大的为知识科普类视频，这就意味着B站对短视频内容的质量有较高要求，需要短视频创作者具有一定的知识储备和优秀的创作能力。并且B站在技术和文化上有一定优势，可以快速审核短视频内容，也可以及时反馈用户所提出的问题。

（四）小红书

小红书的目标用户群体为30岁以下的年轻人，以女性为主，多集中在经济发达的沿海地区，普遍生活水平较高，消费能力较强，追求良好的生活品质。

小红书有着精准的用户定位，其短视频内容偏向于美妆、穿搭、好物测评和分享、记录生活等方向，是有名的种草平台。

除上述主流平台外，还有淘宝、秒拍、西瓜视频、微信视频号和今日头条等多种短视频平台可供短视频创作者选择。

三、短视频的展现形式

不同风格的短视频，其适用的展现形式也是不同的。常用的短视频展现形式有图文形式、真人口述形式、解说形式和情景短剧形式4种。

（一）图文形式

图文形式的短视频一般是一张底图加上要表达的文字，也可以是轮播图片加文字的方式，如图2-4所示。这种形式的短视频可用于干货分享、好物推荐等方面，且制作简单，适合新手，视频时长普遍较短。

（二）真人口述形式

真人口述形式的短视频是由真人出镜进行知识讲解，在讲解时可以进行演示，或者播放与讲解内容相关的创意视频，使短视频内容更加丰富。例如，某短视频创作者通过边为自己上妆边讲解的方法向用户介绍京剧的化妆方法，既讲解了知识，又宣传了中国传统文化，如图2-5所示。

真人口述形式可用于产品推广、护肤知识讲解等方面。在制作这类视频时，短视频内容要有“干货”，要能够为用户提供价值，还要打造清晰的人设，这样才能吸引用户，使其持续关注短视频账号。

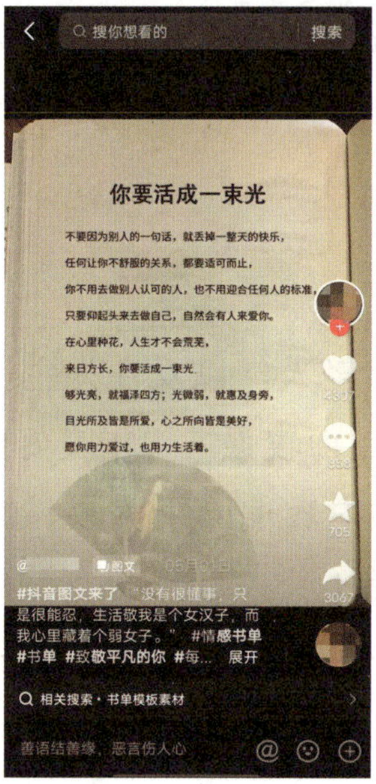

图2-4　图文形式

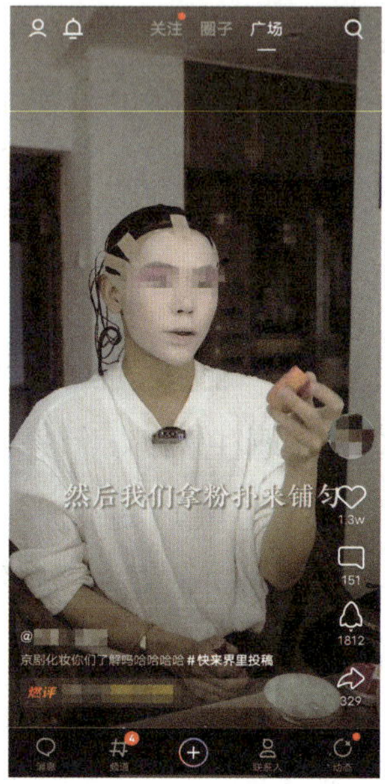

图2-5　真人口述形式

（三）解说形式

解说形式的短视频一般是短视频创作者对影视片段进行解说。例如，某电视剧的官方账号将剧中的一些精彩片段剪辑成一个完整的片段，并配上语音讲解，搬运到短视频平台，以介绍该剧的基本剧情，如图2-6所示。这对于没时间、没耐心看剧的用户来说，既可以了解剧中内容，还不会花费太多时间。

（四）情景短剧形式

情景短剧形式的短视频就是通过视频中的人物表演将想表达的核心主题展现出来。该形式的短视频拍摄成本高，周期长，并且对演员、拍摄设备、视频脚本、拍摄场景等都有

情景短剧形式

一定的要求。不过这种形式的短视频往往更容易让用户获得情感共鸣，从而吸引用户，获取流量。例如，某短视频账号主要由几位演技较好，贴合角色形象的素人出演视频中的角色，拍摄一些从生活角度出发，让用户感受到人间自有真情在的正能量短视频，如图2-7所示。

图2-6 解说形式

图2-7 情景短剧形式

四、短视频选题策划

选题是短视频内容制作的方向，即使短视频的内容只围绕一个领域，也可以有很多不同的选题，只有提前做好选题策划，才更容易吸引目标用户，提升用户的黏着性。接下来将从寻找选题的5个维度、策划选题的基本原则和积累选题的方法3个方面讲解如何策划选题。

（一）寻找选题的5个维度

很多人在策划短视频选题时总是找不到思路，针对这一问题，本节就来讲解寻找选题的5个维度（见图2-8），从这5个维度入手可以有效扩充选题的思路。

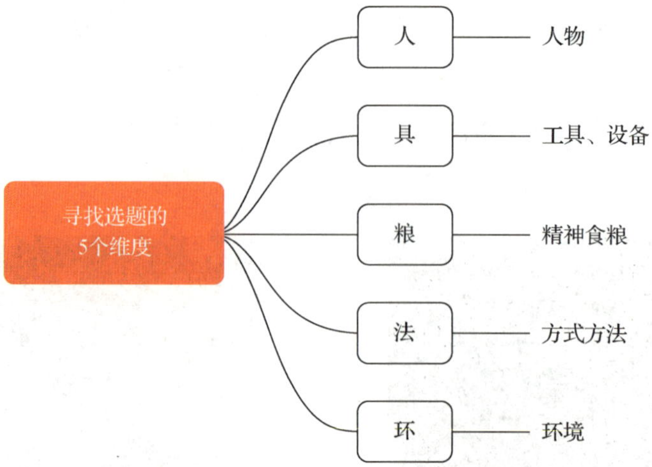

图2-8　寻找选题的5个维度

（1）人就是指人物，包括拍摄的主角是什么样的人，他有什么属性，他的身份是什么。

短视频创作者可以把人物按照年龄或身份划分，如按照身份可将女性划分为单身女性、已婚女性、已育女性等。如果短视频的目标用户为女性，那么视频的内容就需要触发女性共鸣，此时短视频的主角最好也是女性。

也可以把人物按照场景或职业划分，如按照职业可将人物分为学生、职场人士、创业者、家庭主妇等。还可以把人物按照兴趣划分，如热爱旅行、做饭、健身或唱歌的人等。将人物按照不同的维度划分后，根据人物属性确定短视频选题。

（2）具就是指工具和设备，当确定好短视频的主角后，就可以根据角色的特点选择工具和设备。例如，短视频的主角是一位职场女性，那么她在日常工作时就可能会用到文具、电脑、办公软件、职场App等。

（3）粮就是指精神食粮，常见的精神食粮有电影、书籍、讲座、展览、微课、学习培训等。短视频创作者需要分析目标用户的需求，如喜欢看的电影、书籍，或者可能需要参加的培训等，有针对性地制作出符合用户需求的短视频。

（4）法就是指方式和方法，如瘦身方法、育儿方法、职场技能提升方法、时间管理方法、周末出行如何躲避拥堵的方法、手账选购方法、快速记读书笔记的方法等。短视频创作者需要根据目标用户和短视频主角的身份去分析他们在日常生活中可能会需要的方法。

（5）环就是指环境，不一样的剧情要有不一样的环境。对于拍摄时间来说，环境可以是白天或黑夜；对于拍摄地点来说，环境可以是学校、办公室、餐厅等。

把寻找选题的5个维度梳理一遍后，可以将涉及的选题做成选题树。例如，以一个爱旅行的女性为例，可以策划的选题如图2-9所示。

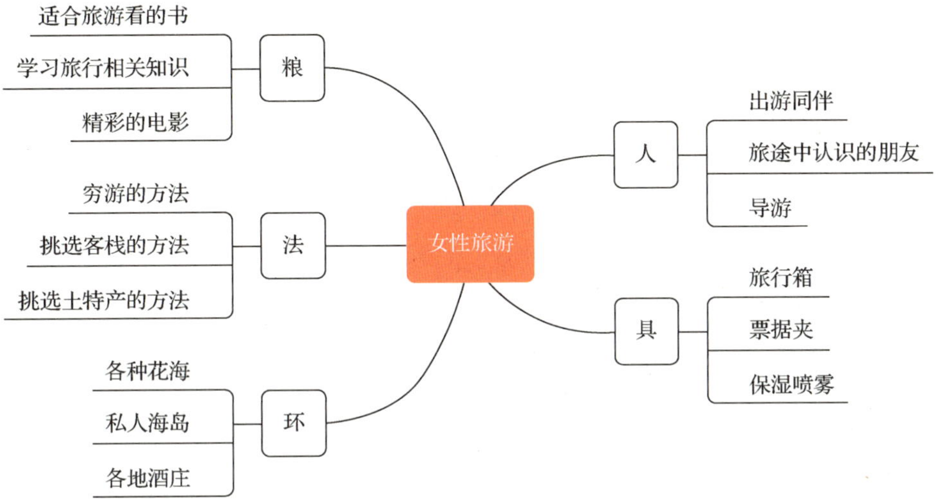

图2-9 以“爱旅行的女性”为例制作的选题树

（二）策划选题的基本原则

策划短视频选题时需要遵守一定的原则，并以此为宗旨，落实到短视频的创作之中。

1. 以用户为中心

短视频的选题内容要坚持以用户为中心，以用户满意为目标，要优先考虑用户的需求和喜好，这是保证短视频播放量的重要因素。

2. 保证内容的价值输出

短视频的选题内容应该以价值输出为宗旨，尽量选择有价值的“干货”，这样可以触发用户收藏、点赞、评论和转发等行为，帮助短视频创作者传播内容，从而达到裂变传播的效果。

3. 保证内容垂直

在确定做某个领域的选题后，不要随意变更领域，要从内容的垂直度上做文章，这样才能精准吸引目标用户，提高在当前领域的影响力，从而更加容易获得短视频平台的“头部流量”。

4. 选题内容多结合行业或网络热点

短视频的选题内容应该多结合行业或网络热点，紧跟时事，这样制作出来的短视频才有可能在短期内得到大量的曝光，以快速提升视频播放量，吸引大量用户关注。需要注意的是，在策划选题时要注意规避不恰当的内容，坚决不使用敏感词汇，以防违规。

（三）积累选题的方法

要想持续输出优质的选题，短视频创作者需要拥有丰富的储备素材，并建立自己的选题库。短视频的选题可以从以下3个方面获取。

1. 从生活中获取选题

在日常生活中，短视频创作者需要用心体验生活，观察并记录生活中的细节，从中获取有价值的选题。这样获取的选题能够更深层次地触动用户内心，引发用户共鸣。

2. 从热门视频中获取选题

在短视频平台或数据分析平台中寻找热门视频，对其进行整理与分析，研究其制作思路，从而获得选题。该类选题本身自带热度，更容易吸引用户关注。

3. 从用户建议中收集选题

从个人账号或同领域的短视频账号中筛选用户的留言和评论，选取有价值的建议和问题作为选题，以提高用户的参与度。

任务实施

本任务实施将利用前面所学知识，带领读者从定位目标用户开始，一步步确定短视频的平台和展现形式。

步骤1 明确短视频的目标用户，并构建用户画像。本次短视频介绍的产品是一款适用于办公室桌面的小型加湿器，因此目标用户定位为办公室人群。接下来通过数据分析平台（此处选择蝉妈妈App）获取用户数据，构建用户画像。

步骤2 在手机应用商店下载并安装蝉妈妈App，之后打开该软件，自行注册并登录账号。在“首页”界面单击“视频榜”图标打开“带货视频榜”界面，单击顶端的搜索框，在新打开界面的搜索框中输入“加湿器”并搜索，此时进入加湿器类短视频排行榜界面，如图2-10所示。

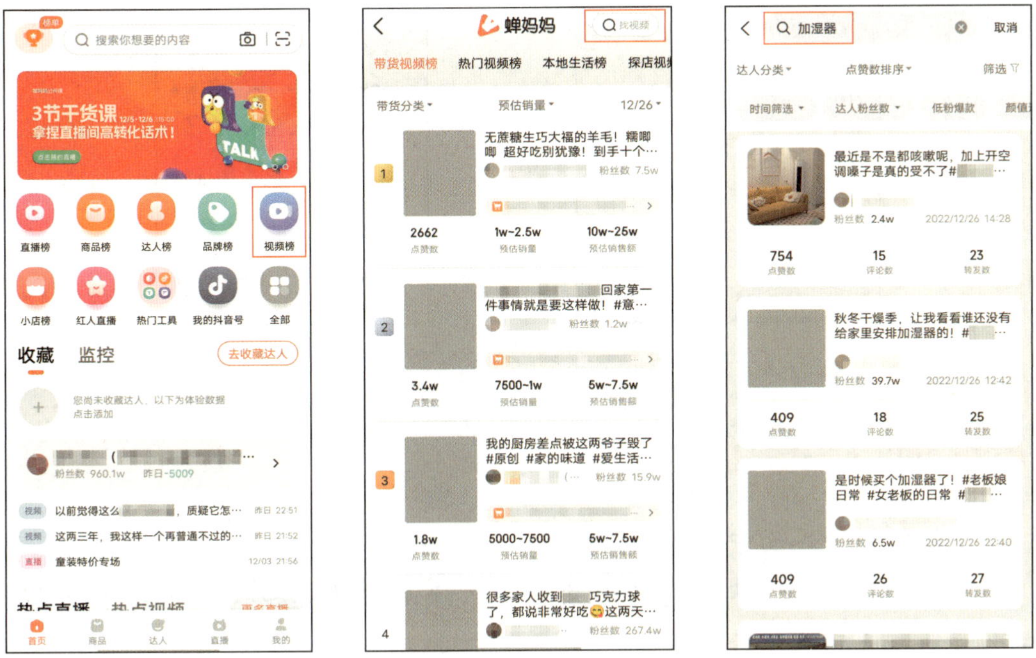

图2-10　查看加湿器类短视频排行榜界面

步骤3 在短视频排行榜界面单击“时间筛选”下拉按钮，在展开的下拉列表中可以选择时间（见图2-11），以显示相应时间内的短视频。一般选择显示近3天或近7天内的短视频排行榜，因为观看人数够多，数据更具参考价值。

步骤4 在短视频排行榜界面筛选符合目标用户需求的短视频（排行榜会每日更新，因此此处对选择的视频不做规定，且用户数据以文中的数据为准）。单击符合要求的短视频进入视频详情界面，然后在该界面查看用户数据，如图2-12所示。

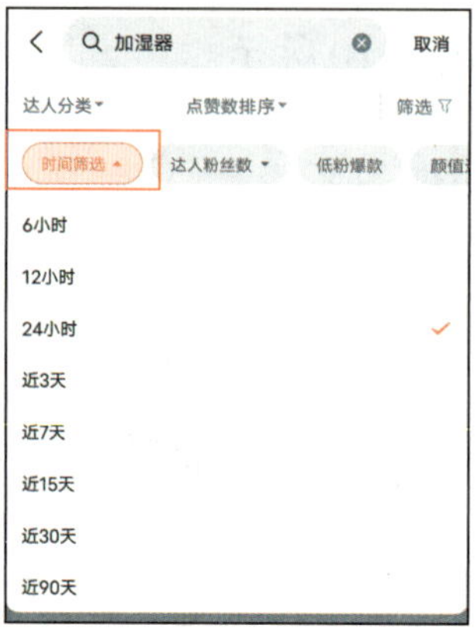

图 2-11　选择时间

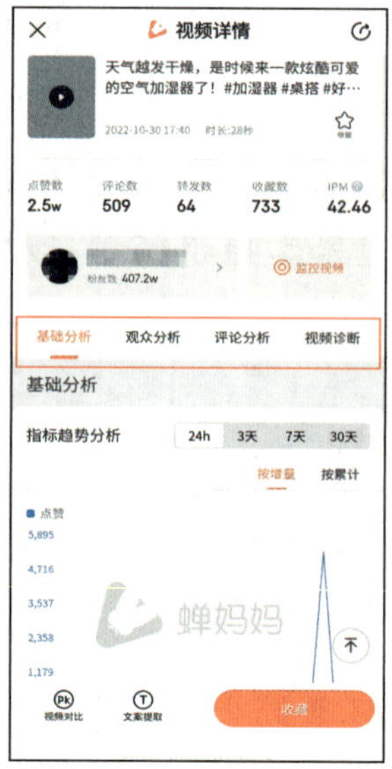

图 2-12　视频详情界面

知识拓展

在视频详情界面中包括4类数据。

(1) 基础分析，其中包括视频点赞、评论、转发和收藏的具体数量及发生该类行为的时间段。

(2) 观众分析，其中包括用户的性别、年龄和地域等属性。

(3) 评论分析，总结了评论中的常用词语。

(4) 视频诊断，该类数据可反映出短视频在同领域的受欢迎程度。

步骤5 多选几个相同类型的短视频，查看其用户数据，然后分析、总结得到的数据，构建出用户画像。

(1) 性别：女性占比70%左右，男性占比较小。

(2) 年龄：24～30岁的用户占比60%左右，18～23岁的用户占比20%左右，31～40岁的用户占比15%左右。

(3) 地域：北京、重庆、深圳市的用户居多。

(4) 活跃时间：11:00—14:00，22:00—24:00。

步骤6 选择短视频平台。通过构建的用户画像发现，该领域短视频的目标用户以年轻人为主，女性居多，且大多居住在一二线城市，因此选择在抖音平台发布短视频。

步骤7 选择短视频的展现形式。为了能够充分展现产品特点，吸引用户眼球，此处选择情景短剧形式制作短视频。

任务二 策划短视频内容

问题导入

短视频已经由野蛮生长的成长阶段走向了精耕细作的成熟阶段，只有优秀的、有创意的、有价值的内容才有可能获得更多的关注。在学习本任务之前，请读者思考以下问题。

（1）优质的短视频内容有哪些特点？

（2）怎样制作出内容具有创意的短视频？

（3）如何设计短视频脚本？

必备知识

优质内容的特点

一、优质内容的特点

优质的内容能在短短几十秒、十几秒内，在众多的短视频中吸引用户的目光。优秀的短视频内容一般具备4个特点，分别是内容深度细分、保证创新性、保证价值性、内容切入痛点。

（一）内容深度细分

只有具备垂直度、有深度的短视频内容才更容易让用户“买单”。要注意的是，深度并不代表内容的严肃性，而是指在某个领域的深入挖掘。

内容流于表面的短视频对创作者没有太高的要求，很容易被他人取代，难以形成稳固的用户群体结构。如果创作者专注某个领域，不断地对内容进行深入挖掘，就会形成一种稀缺性。当用户想要了解这方面知识时，只能在这里获取，这就使得该短视频难以被取代，从而精准吸引目标用户，增加用户的黏着性，构建稳定的用户群体。

例如，某短视频账号专门发布与汽车相关的知识，从汽车车身到动力系统，再到底盘系统等统统都有涉及，并且在讲解知识时还配有相关动画，便于用户理解，因此吸引了大量对汽车感兴趣的用户，如图2-13所示。

（二）保证创新性

在原有的短视频基础上不断创新，保持短视频的生命力，才不会使用户感到审美疲劳。因为用户的想法并不是一成不变的，只有不断分析用户需求，使短视频内容与时俱进、不断更新，才能牢牢抓住用户，不断使用户产生共鸣。另外需注意，在进行短视频内容创新时，不能完全脱离之前的内容与风格，要确保视频风格在同一基调上。

例如，美食类短视频创作者在前期的每一期视频中都会吃下不同的食物，以吸引用户观看。但以吃为主题，且吃法相同，这样重复的短视频迟早会使用户感到乏味。为留住用户，后期的视频采用场景创新法，从最初的固定场景拍摄，转移到在各个店铺中拍摄，并替用户尝试不同的美食，对美食进行测评，不仅保持了用户热情，还可以向用户推荐美食，如图2-14所示。

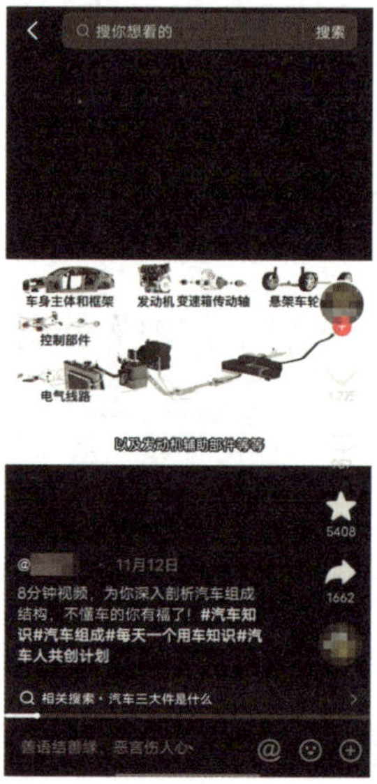

图2-13　汽车知识类短视频

图2-14　美食类短视频

（三）保证价值性

要想获得用户认可，持续吸引用户，就需要在短视频内容中为用户带来一些知识，以体现其价值。短视频的价值性体现在以下几个方面。

（1）实用价值。短视频内容可以给用户的生活带来切实可行的帮助。

例如，脸上长痘了怎么办、衣服爱起静电怎么办、鞋子硌脚怎么办等，这些都是用户在日常生活中经常会遇到的小问题，如果视频内容可以帮助用户很好地解决这些问题，那么这个视频就是有价值的，就会很容易获得大量用户的点赞和转发。

（2）知识价值。知识类型的短视频账号，在讲解知识时，要确保一定的专业性和深度，并且语言要通俗易懂，便于用户理解。

例如，某知识科普类短视频账号，将所讲的知识通过生动的动画表现出来，既生动有趣，又简单易懂，如图2-15所示。

（3）趣味价值。当今时代，人们的生活节奏越来越快，工作压力也越来越大，有些人的身心都疲惫不堪。因此，过于严肃的短视频可能会导致用户难以持续观看。要避免这种状态，在制作短视频时可以适当添加娱乐性，使用户感到放松、愉悦。

例如，某短视频账号在进行知识科普时，将一个个生硬的生物学和物理学知识化作了一个个可爱的模型，不仅提高了用户兴趣，还可以使用户对其中的原理一目了然，如图2-16所示。

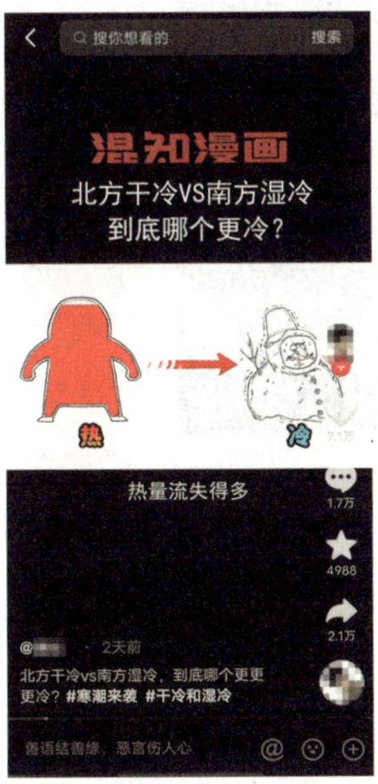

图2-15　知识科普类短视频

图2-16　趣味性短视频

（4）审美价值。人们都喜欢观看“美”的东西，要想吸引用户，短视频必须要具备一定的观赏性，如清晰的画质、合适的滤镜、好听的背景音乐、好看的构图与拍摄环境等。

例如，某美食类短视频账号，在演示制作美食的方法时，主角穿着美丽的传统服饰，还搭配了精美的画面与明快的背景音乐，这样不仅在视觉和听觉上给予用户美感，还抓住了当下人们渴望回归田园生活的心理，在充满美感的同时又符合当下潮流，如图2-17所示。

（5）情感价值。情感是引起用户共鸣，影响用户选择短视频的关键因素之一。在短视频中添加感动、励志、治愈、震撼、解压等情感因素，可以唤起用户内心的情感，拉近与用户的距离。

例如，某短视频在介绍铁路相关知识时，还介绍了国家在铁路方面的建树，让用户了解相关知识的同时感受到国家的强大实力，引发用户的自豪感，如图2-18所示。

图2-17　美食类短视频

图2-18　情感类视频

（四）内容切入痛点

痛点就是用户在日常生活中碰到的急需解决的需求，只有短视频内容戳中用户痛点，才能吸引用户观看。所以在策划短视频内容时，可以先分析用户的痛点，然后以痛点为切入点去制作视频。例如，美食探店类短视频解决了用户想吃美食却不知道吃什么的痛点；测评类短视频解决了用户想买某件商品，却又担心它是否安全、好用的痛点。

二、内容创意方法

要想制作出富有创意的短视频，一般可以采用搬运法、模仿法、拓展法、反转法和嵌套法。

（一）搬运法

搬运法就是将当下比较热门的视频、节目或影视作品进行整理，对其进行二次创作后，发布到短视频平台上。例如，对原视频进行剪辑，为其添加滤镜等。

（二）模仿法

模仿法就是模仿当下的热门视频，使用原声或同款背景音乐等方式进行内容创作。

（三）拓展法

拓展法就是在确定目标用户后，围绕用户所关心的话题，使用发散性思维迅速找到更多的内容方向。

（四）反转法

要想让短视频更加出彩，可以使用大家熟知的戏剧性方法——反转法。在讲述一个故事时，在适当的位置加上反转，此时，用户会因为想要知道故事最后的发展走向而看完整个视频。

例如，某视频刚开始，一个三十几岁的男人在生活中处处依靠自己的母亲（表现出男人完全没有自主生存能力），旁观者刚要对这个男人指指点点时，这个母亲表现出了阿尔兹海默病的症状，将儿子当成了十几岁的样子，其实儿子是在配合母亲（表现出男人是个非常孝顺的人）。

（五）嵌套法

嵌套法是先设计多个故事脚本，然后使用合适的方法将多个故事拼接到一个故事中。它可以解决短视频内容信息量单薄，缺乏耐看性的问题。

例如，第1个故事脚本，一个爸爸在哄娃，娃没睡，爸爸就先睡了（一个简单的故事场景）；第2个故事脚本，另一个爸爸带娃时拿手机刷短视频，刷到了第1个故事，此时，娃已经不在爸爸的视线范围内了（丰富故事情节）；第3个故事脚本，妈妈用恶狠狠的眼神盯着第2个故事中的爸爸（将3个故事嵌套在一起，使短视频内容丰富、有趣）。

三、脚本设计

短视频脚本是短视频拍摄的依据，它不仅可以帮助摄像师掌握每个镜头的拍摄时间和内容等，还有助于提高拍摄的效率和质量，避免出现漏拍、错拍等情况。

常用的短视频脚本有提纲脚本、文学脚本和分镜头脚本3种类型，读者可根据短视频内容和创作需要选择合适的脚本类型。

（一）撰写提纲脚本

提纲脚本是对短视频拍摄要点的提示，提示内容主要包括拍摄的时间、地点、事件和注意事项等。这种类型的脚本适用于随机性强、不易把控的短视频制作，如街头采访类、新闻纪录类短视频等。以下是采访类短视频《颜值高和学历高，你选哪一个》的提纲脚本。

《颜值高和学历高，你选哪一个》提纲脚本

采访对象：大学生。

采访地点：校园内。

采访问题：颜值高和学历高，你选哪一个？

采访注意事项：注意采访人员性别均衡，不能有过激言论。

设计提纲脚本时，搭建的框架模块要清晰，表达要简洁明了，只保留重点内容作为拍摄指引即可。

（二）撰写文学脚本

文学脚本是对短视频中角色的任务安排，通常只需要列出时间点及要做的事情即可。这种类型的脚本适用于镜头少且基本无剧情的短视频，如测评类、教学类、Vlog类短视频等。以下是Vlog类短视频《今天参加同学婚礼了》的文学脚本。

《今天参加同学婚礼了》文学脚本

7:00，起床做早餐，浇花，晒衣服，化妆，挑件漂亮的裙子。

9:00，出门，打车去婚礼现场，车上和司机聊天。

9:30，到达婚礼现场，跟朋友们打招呼，给红包，送祝福并合影。

10:30，拍摄现场布置，出镜讲解同学的恋爱结婚史，并找朋友一起拍。

11:30，实拍婚礼过程，包括现场氛围和仪式过程。

12:30，展示婚礼宴席，点评一下各类美食。

14:00，回到家中，分享参加婚礼的感受，与观众互动。

设计文学脚本时，需要设置拍摄地点，如室内、室外、影棚等。此外，还需要设计角色要呈现的具体内容。值得注意的是，设计呈现内容时不仅需要围绕主题，还需要加入槽点和互动点。

（三）撰写分镜头脚本

分镜头脚本是将故事情节转换成可视画面的中间媒介，是拍摄短视频的依据。分镜头脚本主要包括镜头的镜号、景别、镜头运动、时长、画面内容、对白、声音等内容。创作者在编写分镜头脚本时，通常会将这些内容制作成表格，逐项填写，如表2-1所示。该类型的脚本常用于画面要求高、故事性强的短视频制作，如纪录片类、搞笑剧情类短视频等。

表2-1 分镜头脚本的格式

镜号	景别	镜头运动	时长	画面内容	对白	声音	备注
1	中景	从右到左摇镜	1秒	6个穿着病号服的人在玩老鹰抓小鸡的游戏		嬉戏声	
2	近景	从下到上移镜	3秒	穿着白大褂的主任走上台	停停停		

表2-1中各项内容的作用如下。

（1）镜号。镜号是对镜头进行组接的顺序号。

（2）景别。景别是指被摄对象在摄像机画面中所呈现出的范围大小，主要包括远景、全景、中景、近景、特写等，项目三中会详细介绍。

（3）镜头运动。镜头运动是指镜头的运动方式，如推、拉、摇、移、跟等。

（4）时长。时长是指镜头剪辑后的时间长度，一般精确到秒。

（5）画面内容。画面内容是指当前镜头中需要拍摄或表现的具体内容。

（6）对白。对白是指当前镜头画面中所包含的对话、独白或旁白等人声。

（7）声音。声音是指当前镜头画面所需要的配乐和音效。

（8）备注。备注中填写其他需要补充说明的内容。

由于观众的观影注意力不仅受剧情影响，还会受画面影响。因此，设计分镜头脚本时，需要注意拍摄镜头的景别、构图和持续时间的合理性。

任务实施

本任务实施将利用前面所学知识，为“小型加湿器”选题策划文案，并根据文案设计短视频脚本。

步骤1 根据任务一任务实施的分析，确定短视频的目标用户为18～40岁的办公室人群，该群体的特点是年轻、有活力，喜欢既时尚又实用的商品。因此，策划短视频文案时要抓住该群体的喜好，重点体现用户想要了解的产品特点，制作时尚、简约的短视频。

步骤2 本案例拍摄的小型加湿器的主要卖点是，能够为干燥的环境补充水分；具有静音加湿、长时间续航、侧翻不漏水等特点；拥有小巧便携、模拟动物形象的时尚外观。

步骤3 为了体现加湿器的功能、外观和特点，下面根据其卖点策划文案。该文案可先用“小型加湿器”作为标题，直观明了地介绍商品，然后用“细腻水雾，静音加湿，可持续工作6小时”展示商品的功能，用“比智能手机更小巧”体现商品的外观，再用“倾倒防漏水设计”等突出商品的特点，接着简单介绍小型加湿器的使用方法，最后用“小型加湿器，滋润你的办公生活”作为结束语，具体文案如下。

《小型加湿器》文案

小型加湿器

细腻水雾，静音加湿，可持续工作6小时

比智能手机更小巧

陪伴着你工作

倾倒防漏水设计

照顾你偶尔的小冒失

将棉条浸泡3分钟

将棉条装上盖好

USB充电

可接电脑

接充电宝

按一下持续出水雾

按两下间歇出水雾

按三下关闭

小型加湿器，滋润你的办公生活

步骤4 为完整呈现故事情节，根据上述文案设计该短视频的分镜头脚本，如表2-2所示。

表2-2 "小型加湿器"选题的分镜头脚本

镜号	景别	镜头运动	时长	画面内容	对白	声音	备注
1	全景	正面，摇镜头	1.5秒	加湿器全貌		轻松背景音乐	
2	特写	正面，固定	2秒	加湿器出气口特写			
3	全景	正面，固定	2秒	用手机和加湿器对比大小			
4	中景	斜侧俯拍，固定	2秒	认真工作时旁边加湿器喷出水雾			
5	近景	斜侧俯拍，固定	2秒	拿手机时不小心打翻加湿器			
6	特写	斜侧俯拍，推镜头	2秒	展示倒下的加湿器出气口			
7	全景	斜侧俯拍，固定	6秒	展示加湿器的使用方法			
8	近景	斜侧，固定	2秒	为加湿器连接USB线			
9	近景	斜侧俯拍，固定	2秒	使用USB线连接电脑			
10	全景	斜侧俯拍，固定	2秒	使用USB线连接充电宝			
11	近景	正面，固定	3秒	展示加湿器开关的使用方法			
12	特写	正面，固定	3.5秒	加湿器出气口喷出的水雾			

项目实训

根据本项目所学知识，自行选择一个美食领域的选题并按照如下提示策划短视频内容。

（1）确定选题后，在数据分析平台搜索同领域的热门视频，对热门视频中的用户数据进行总结与分析，构建用户画像，确定短视频的目标用户。

（2）分析同领域短视频的展现形式，并根据用户关注度和短视频面对的用户群体，选择最适合该短视频的投放平台和展现形式。

（3）从选择的美食领域选题入手策划文案，并根据文案设计短视频脚本，在设计脚本时需要注意拍摄的可行性。

课后习题

1. 选择题

（1）以下不属于短视频选题策划基本原则的是（　　）。

A．以用户需求为目标

B．在策划选题时尽量选择有价值的内容

C．根据当下热点随意变更选题领域

D．策划选题时注意规避不恰当的内容，坚决不使用敏感词汇

（2）以下不属于短视频内容创意方法的是（　　）。

A．对当下热门视频进行翻拍

B．将热门视频直接搬运到别的短视频平台

C．在短视频内容中添加反转，以增加戏剧性

D．将多个故事拼接到一个故事中

2. 填空题

（1）常用的短视频展现形式有________、________、解说形式和________4种。

（2）短视频内容的价值性体现在________、________、________、审美价值和________方面。

（3）常用的短视频脚本有________、________和________3种类型。

学习成果评价

完成所有学习任务之后，请读者按照以下要求完成学习成果评价。

全班同学每5人一组，各组成员结合课前、课中和课后的学习情况和项目实训情况，按照表2-3的评价标准对该项目的学习效果进行自评和互评，并请教师进行总体评价。

表2-3　学习成果评价表

<table>
<tr><th rowspan="2">评价项目</th><th rowspan="2">评价内容</th><th rowspan="2">分值</th><th colspan="3">评价得分</th></tr>
<tr><th>自评</th><th>互评</th><th>师评</th></tr>
<tr><td rowspan="6">知识（60%）</td><td>目标用户分析的方法</td><td>10分</td><td></td><td></td><td></td></tr>
<tr><td>选择短视频平台的方法</td><td>10分</td><td></td><td></td><td></td></tr>
<tr><td>短视频的展现形式</td><td>10分</td><td></td><td></td><td></td></tr>
<tr><td>策划短视频选题的方法</td><td>10分</td><td></td><td></td><td></td></tr>
<tr><td>策划优质短视频内容的方法</td><td>10分</td><td></td><td></td><td></td></tr>
<tr><td>短视频脚本的类型和设计方法</td><td>10分</td><td></td><td></td><td></td></tr>
<tr><td rowspan="2">技能（20%）</td><td>策划短视频选题</td><td>10分</td><td></td><td></td><td></td></tr>
<tr><td>策划短视频内容并设计脚本</td><td>10分</td><td></td><td></td><td></td></tr>
<tr><td rowspan="4">素养（20%）</td><td>善于团队合作、与人沟通</td><td>5分</td><td></td><td></td><td></td></tr>
<tr><td>按时、积极参加教学活动</td><td>5分</td><td></td><td></td><td></td></tr>
<tr><td>高质量地完成课前预习、课后复习</td><td>5分</td><td></td><td></td><td></td></tr>
<tr><td>具备良好的学习态度</td><td>5分</td><td></td><td></td><td></td></tr>
<tr><td colspan="2">合　计</td><td>100分</td><td></td><td></td><td></td></tr>
<tr><td>总评</td><td>自评（20%）+互评（20%）+师评（60%）=</td><td>综合等级：</td><td colspan="3">教师（签名）：</td></tr>
</table>

项目三

短视频拍摄与剪辑

项目导读

短视频拍摄与剪辑是将前期构思转化成视频画面的过程。好的拍摄技术可以保证短视频的画面效果，好的后期剪辑可以对短视频画面进行美化，使画面过渡更加自然、合理。

本项目将从常用的拍摄设备，以及景别、光线、镜头运动和画面构图等方面讲解短视频的拍摄方法，然后从常用剪辑工具、转场设计和背景音乐的选择等方面讲解短视频后期剪辑的方法。

知识目标

- 了解短视频拍摄常用的拍摄设备、照明设备和辅助设备。
- 了解短视频常用画幅比，并掌握景别、光线、镜头运动和构图的设计方法。
- 了解常用的短视频剪辑工具。
- 掌握短视频常用的转场方法。
- 了解短视频背景音乐的选择方法。

能力目标

- 能够灵活运用所学知识，拍摄和处理短视频。

素质目标

- 分析优秀短视频作品的拍摄手法，锻炼观察事物的能力。
- 加强实践练习，提升专业技能。

启发案例

多元化拍摄手法成就美食类短视频账号

一只出生在马路上的白猫被它现在的主人姜某某捡回了家，由此开始了一段全新的生活。姜某某是某设计公司老板，他看似粗犷，实则内心细腻，心灵手巧，擅长制作各种美味可口的点心和料理。他将平时在茶水间给猫咪和小伙伴们做饭的场景拍成小短片发布在平台上，便逐渐诞生了坐拥几千万粉丝的美食类短视频账号。

在短视频中，猫咪作为一个旁观者，静静待在姜某某身旁，再配上有趣的文字和舒缓有韵味的音乐，瞬间就营造出一种朦胧温暖的情调。它是国内最早将美食与宠物相结合的美食类短视频账号之一，以“温暖治愈你的心和胃”为口号，主打定位是“治愈”。宠物对人的心理具有治愈作用是众所周知的，将其与美食结合可谓是相得益彰。

该美食类短视频账号能获得成功，除了成功的选题外，其优秀的拍摄技术也功不可没。从画面效果来说，视频中的场景布置十分文艺，实木的餐桌和餐具，加上温暖的阳光和治愈的食物营造出温暖温馨的氛围。此外，对不同风格的菜式应用不同的色调，使整个画面非常和谐，给用户传达多样的视觉感受与情感体验。

从拍摄手法来说，采用了多元化的拍摄手法，让美食的香气和口感更加灵动地穿透屏幕，传递给观众。在拍摄食材时一般采用俯拍，更清晰地展示食材。在拍摄将食材倒入容器或切食材时，则采用平摄。在最后的成品展示时，一般采用近景和特写，更加清晰地展现食物的色泽、纹理和更多细节。这些细节的极致化让用户在观看视频时，从每一个细节点上都能享受到被治愈的感觉。

此外，在整体拍摄过程中，以推拉为主要镜头，对于需要用户看清楚的镜头，采用推镜头，对于镜头的淡出，采用拉镜头，通过不同镜头运动方式呈现出不同的视频拍摄效果。

巧妙的拍摄镜头、多样化的呈现内容、环环相扣的拍摄过程，让该账号在同类型的短视频账号中脱颖而出。

（资料来源：https://www.zzqklm.com/w/xwly/24650.html，有改动）

任务一 拍摄短视频

问题导入

要拍摄出优质的短视频，不仅要选择合适的拍摄设备，还要对景别、光线、镜头运动方式和画面构图等进行合理地设计。在学习本任务之前，请读者思考以下问题。

（1）常用的短视频拍摄设备有哪些？

（2）拍摄短视频时要从哪几方面设计画面？

必备知识

一、常用短视频拍摄设备

工欲善其事，必先利其器。要拍摄出优质的短视频，往往需要使用专业的设备。下面向读者介绍拍摄短视频常用的拍摄设备、照明设备和辅助设备。

（一）拍摄设备

拍摄短视频常用的设备有手机、相机、摄像机和无人机4种。短视频创作者可以根据创作需求和自身情况进行选择。

1．手机

手机是最常见、使用频率最高的短视频拍摄设备，其优点是轻便灵活，便于携带，使用方法简单，且具有强大的美颜功能。

目前，大部分手机的录制功能都可以满足短视频的拍摄需求，拍摄完成后还可以使用手机上的相关软件对视频进行后期处理，处理完成后即可直接发布到短视频平台，操作十分便捷。

知识拓展

使用手机拍摄短视频时，通常会将视频的分辨率设置为1 080 p，帧速率设置为30 fps。

2．数码相机

数码相机体积小、易上手、反应速度快，能够根据不同的画面需求更换镜头，在长焦拍摄领域有明显优势，如图3-1所示。相比手机而言，数码相机拍摄出来的画面，画质更高，且兼具易操作性和便携性，适合拍摄较为专业的短视频。

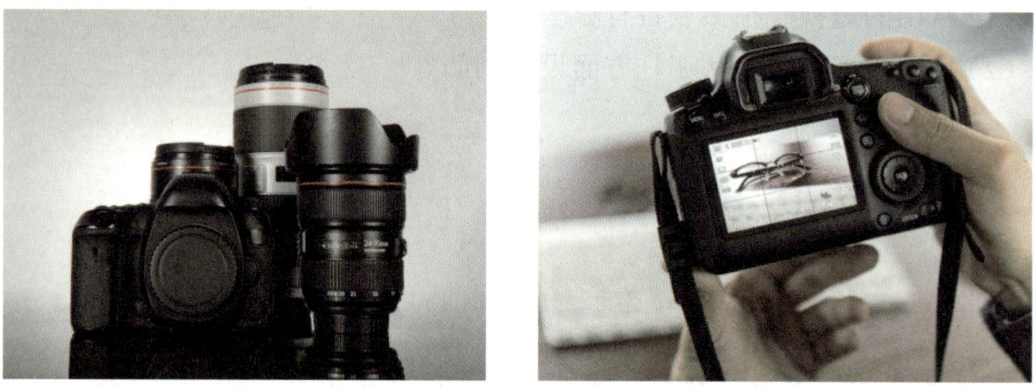

图3-1　数码相机

3．摄像机

摄像机是专业的摄像设备，其优势是可操控性强，具有强变焦功能，适宜较长时间的拍摄工作，是很多专业团队的首选，如图3-2所示。

图3-2 摄像机

4. 无人机

无人机是一种利用无线电遥控设备控制的不载人飞行器，由于其体积小、动作灵活，且稳定性好、安全性强，常用于辅助摄像师进行高空拍摄，多用于拍摄自然风光、环境展示等画面，如图3-3所示。

图3-3 无人机及其拍摄的风景

（二）照明设备

照明效果不仅会影响拍摄画面的明暗和氛围，还会影响被摄对象的结构和形态等。为保证短视频的整体质量，在拍摄时可使用LED灯、柔光罩、灯架和反光板等照明设备辅助拍摄。

1. LED灯

LED灯是拍摄短视频时最常用的一种灯具，具有安全稳定、高效可靠、操作灵活等特点。LED灯的样式多种多样，创作者可根据具体拍摄需求选择不同的LED灯。例如，使用手机拍摄时可选择环形LED灯进行打光，光线自然、使用方便（见图3-4）；使用摄像机拍摄时可选择LED摄像灯进行打光，这种灯可组装在机身上进行移动拍摄（见图3-5）；如果团队预算较高，可以配置专业的LED影视灯，如图3-6所示。

图3-4　环形LED灯

图3-5　LED摄像灯

图3-6　LED影视灯

2. 柔光罩

柔光罩是安装在闪光灯上的一种对强烈光线起到柔化作用的设备，如图3-7所示。它的原理是把闪光灯的直射光线通过耐高温的半透明塑料，转化为柔和的漫射光，以消去被摄对象上的高光斑，使拍摄的照片更加自然。

3. 灯架

灯架可以用来固定灯具和柔光罩，使其保持平衡，并辅助调节照明的高度和角度，如图3-8所示。

4. 反光板

反光板是拍摄时使用的辅助照明设备，如图3-9所示。其作用是补光，利用反光板反射光线可以使平淡的画面变得更加饱满，体现良好的质感，还可以使画面中的细节部位变得更加清晰，或者突出被摄主体。

图3-7　柔光罩

图3-8　灯架

图3-9　反光板

（三）辅助设备

拍摄短视频除了需要最基本的拍摄设备和照明设备以外，还需要录音设备和稳定设备辅助拍摄。

1．录音设备

拍摄短视频时一般会将声音同步录制进去，而为了更好地采集声音，需要使用枪型麦克风、无线麦克风和手机录音软件等辅助录音。

（1）枪形麦克风。枪形麦克风又称枪形话筒，是一种常见的录音设备，如图3-10所示。此类设备具有消除杂音、指向性录音等功能，常用于户外拍摄收音。

（2）无线麦克风。无线麦克风是一种可随身携带的微型录音设备，如图3-11所示。当被摄主体远离镜头时，使用此类设备辅助收音，可以降低周围的干扰声，常用于采访类短视频拍摄收音。

（3）手机录音软件。手机录音软件是手机中附带的声音录制软件，拍摄时可利用手机录音软件辅助现场录音，如图3-12所示。

图3-10　枪形麦克风

图3-11　无线麦克风

图3-12　手机录音软件

2．稳定设备

拍摄短视频时直接手持拍摄设备进行拍摄很难保持平稳，因而需要使用稳定设备辅助拍摄。下面介绍6种常用的稳定设备，短视频创作者可以根据拍摄需求选用。

（1）手持稳定器。手持稳定器是用来固定相机或手机的支撑设备，可有效防抖，辅助相机或手机拍出平稳、流畅的运动镜头，如图3-13所示。

图3-13　手持稳定器

（2）三脚架。三脚架是用来固定拍摄设备的稳定设备。使用三脚架可让相机、摄像机和手机保持平衡，避免因机器不稳而导致画面模糊，如图3-14所示。

（3）自拍杆。自拍杆是风靡世界的自拍神器。短视频创作者不仅可以将手机或相机固定在自拍杆上以助其稳定，还能在一定范围内任意调节其长短并实现多角度自拍，如图3-15所示。

图3-14　三脚架

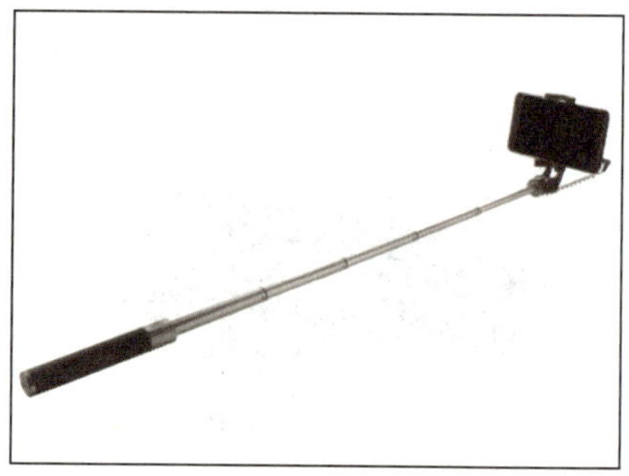

图3-15　自拍杆

（4）滑轨。滑轨是一种专门用来辅助拍摄运动镜头的稳定设备，其作用是使拍摄设备在滑轨上移动，以拍摄出稳定的运动画面，如图3-16所示。

（5）斯坦尼康。斯坦尼康是一种可移动的摄像机减震防抖装置，它通过减震臂将摄像机和摄像师的身体连接起来，以减弱摄像师在移动过程中所带来的震动，使拍摄出来的画面更加稳定，如图3-17所示。

（6）摇臂。摇臂是一种摄像机承托设备。将摄像机固定在摇臂顶端，通过控制摇臂运动（水平或升降）可以拍摄不同角度的画面，如图3-18所示。

图3-16　滑轨

图3-17　斯坦尼康

图3-18　摇臂

二、短视频的画面设计

要拍出优质的短视频，不仅要能够熟练运用各种设备，还需要考虑画面的画幅比，并对画面的景别、光线、镜头运动和构图等进行合理设计。

（一）常用画幅比

画幅比是用来描述画面宽度与高度之间比例关系的一组数值。目前，电视剧大多采用4∶3的画幅比来拍摄，电影多采用16∶9的画幅比。除此之外，还有一些常用的画幅比，如1∶1和2.35∶1等。短视频受传播媒介的影响，其常用画幅比有9∶16和16∶9两种。

（1）9∶16画幅比。9∶16的画幅比适合制作内容少、时长短、能快速浏览切换的短视频。此类短视频常在以竖屏为主的平台上传播。例如，快手、抖音等平台上的短视频大部分是9∶16的画幅比，如图3-19所示。

图3-19　9∶16画幅比

（2）16∶9画幅比。16∶9的画幅比适合制作时长较长、内容丰富的短视频。此类短视频常在以横屏为主的平台上传播。例如，B站、西瓜视频、淘宝等平台上的短视频大部分是16∶9的画幅比，如图3-20所示。

图3-20 16∶9画幅比

提示

淘宝商品短视频常见的画幅比还有1∶1和3∶4。

（二）景别设计

景别是指由于摄像机与被摄对象之间的距离不同，而造成被摄对象在摄像机画面中所呈现出的不同范围和大小。景别一般分为5种，由远至近分别为远景、全景、中景、近景和特写。不同景别适合呈现不同的情景，可以引发用户不同的心理反应，形成不同的节奏。例如，全景适合营造氛围，特写适合表达人物情绪，中景适合表现人物交流。

1. 远景

远景是摄像机远距离摄取被摄对象的画面，通常用于拍摄外景或展示环境全貌。远景强调环境与人、物之间的相关性和共存性，以及人、物存在于环境中的合理性。当用于表现人物时，远景中的人物高度通常不会超过画面高度的二分之一，如图3-21所示。

比远景表现范围更大的是大远景，一般来说全是景物，用来表现景物之间的空间关系，如图3-22所示。该类画面强调整体感，细节不清晰，拍摄时可使用无人机，以获取足够大的范围。

图3-21 远景

图3-22 大远景

2. 全景

全景是摄像机摄取被摄对象全貌的一种景别，常用于表现被摄对象与环境之间的关系，以及被摄对象全身的形态动作，在叙事、抒情类短视频中使用较多。拍摄全景画面时，应尽量避免被摄对象占据整个画面，构图时需在画面上下位置留有一定的空间，如图3-23所示。

图3-23 全景

3. 中景

中景是用于表现被摄对象一半以上部位的一种景别。中景既有利于看清被摄对象的动作，又清晰地交代了被摄对象与周围环境之间的关系，如图3-24所示。

中景和全景相比，所包含景物的范围有所缩小，环境处于次要地位，重点在于表现被摄对象的身体动作。在包含对话、动作和情绪交流的场景中，中景可以更好地兼顾被摄对象与周围环境的关系，并揭示被摄对象的身份、相互关系及动作目的等，是叙事功能最强的一种景别。

4．近景

相比中景而言，近景的取景范围更小，以拍摄被摄对象局部画面为主，被摄对象在取景画面中所占比例较大。近景画面可以清楚地看清被摄对象的细微动作，是刻画被摄对象性格最有力的景别。例如，使用近景拍摄动物头部时，能够突出被摄对象的表情，如图3-25所示。

图3-24　中景

图3-25　近景

5．特写

特写相比近景能更强烈、更醒目地展示被摄对象的细节，拍摄时视角小、视距近，通常用于展现被摄对象的线条、质感、色彩等特征，如图3-26所示。此外，在拍摄人物特写画面时，还可以通过细微的面部表情描绘人物的内心活动。

当镜头继续向被摄对象推近时，画面将重点呈现被摄对象的某一局部，此时的景别被称为大特写。大特写的作用与特写一样，但其画面相比特写而言视觉冲击力更强，如图3-27所示。

图3-26　特写

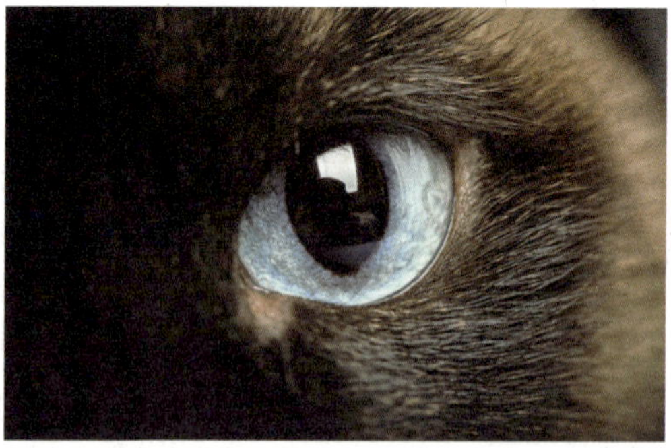

图3-27　大特写

（三）光线设计

在短视频拍摄中合理运用光线可以营造出不同的视觉效果。下面将从光度、光位、光质、光型和光色5个方面讲解光线对现场拍摄的作用和影响。

1. 调节光度

光度是指光线的强度。现场拍摄时，掌握好光度能更好地表现被摄对象的影调、色彩和反差效果，而被摄对象的光度与照明的光源强度和摄像机的曝光值密切相关，如图3-28所示。

图3-28 不同光度的图片效果

2. 确定光位

光位是指光源位置与拍摄方向之间所形成的角度，主要分为顺光、前侧光、侧光、后侧光、逆光、顶光和底光7种类型，如图3-29所示。

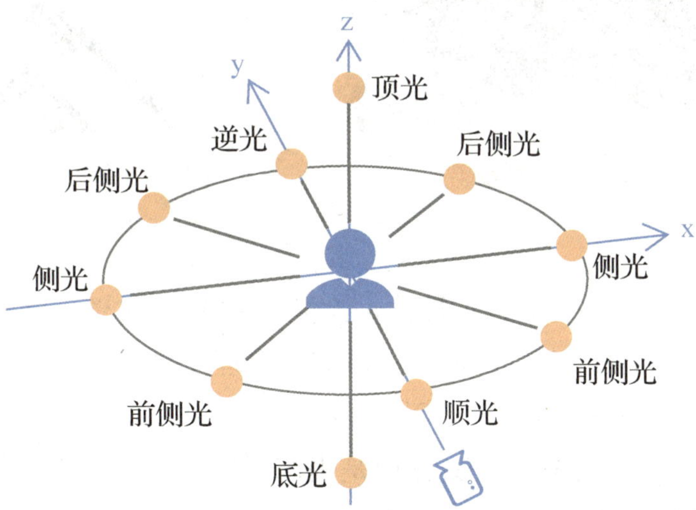

图3-29 光位图

不同光位能够营造不同的画面效果，其中常用光位有以下3种。

（1）顺光。采用顺光拍摄时，被摄对象受光均匀，影调柔和，画面更接近拍摄原型，但缺乏空间表现力，画面平淡。

（2）逆光。采用逆光拍摄时，可以清晰地勾画被摄对象的轮廓线条，还会拍摄出轮廓光，营造唯美氛围，使画面层次更加丰富。

（3）侧光。采用侧光拍摄时，可以产生良好的光影效果，使明面与暗面对比强烈，很好地表现被摄对象的轮廓和形状。

3. 选择光质

光质是指拍摄时所用光线的软硬性质，可分为硬质光和软质光两种类型。

（1）硬质光。硬质光是强烈的直射光，如晴天的阳光、聚光灯等。使用硬质光照明可使被摄对象阴影清晰，明暗对比强烈，有助于表现被摄对象受光面的细节及质感，形成有力度、鲜活的视觉效果，如图3-30所示。

（2）软质光。软质光是一种漫散射性质的光，没有明确的方向性，在被照物上不留明显的阴影，如大雾中的阳光等。使用软质光时，被摄对象明暗反差小，轮廓感和质感较弱，画面较为柔和，如图3-31所示。

图3-30 硬质光画面效果

图3-31 软质光画面效果

4. 合理使用光型

光型是指在拍摄时使用的各种光，主要有主光、辅光、修饰光、轮廓光和背景光5种，短视频创作者可以根据拍摄需求合理安排。

（1）主光。主光又称塑形光，是用来显示景物、表现质感、塑造形象的主要光线。

（2）辅光。辅光又称补光，其作用是提高阴影面亮度，表现阴影细节，减小影像反差。拍摄短视频时常使用反光板来辅助补光。

（3）修饰光。修饰光又称装饰光，是为被摄对象局部添加的强化塑形光线，如眼神光、工艺首饰的耀斑光等。修饰光主要用于珠宝首饰等需要闪光质感的商品短视频拍摄中。

（4）轮廓光。轮廓光是辅助勾勒被摄对象轮廓的光线，常用于突出被摄对象的形态。逆光、后侧光常用作轮廓光。

（5）背景光。背景光是照亮被摄对象周围环境及背景的光线，其作用是突出主体、营造氛围、丰富画面等。

5. 灵活运用光色

光色是指光的颜色，又称光温，它决定了拍摄画面的色调。在短视频拍摄中合理运用光色，能渲染画面氛围，激发情感上的联想。

（1）冷色光。冷色光是颜色偏冷色调的光，如绿色光、蓝色光、紫色光等，其作用是营造寂静、落寞、清冷的环境氛围，如图3-32所示。

（2）暖色光。暖色光是颜色偏暖色调的光，如红色光、橙色光等。其作用是渲染温暖、热闹、安心的氛围，如图3-33所示。

图3-32 冷色光画面

图3-33 暖色光画面

（四）镜头运动

镜头运动是指通过移动摄像机机位，改变镜头光轴或焦距所拍摄的画面。最基本的镜头运动方式有推镜头、拉镜头、摇镜头、移镜头和跟镜头5种。

1. 推镜头

推镜头是指镜头不断接近被摄对象，拍摄范围从大到小，被摄对象从小到大的一种运动镜头，常用于强调被摄主体，突出视觉焦点。

2. 拉镜头

拉镜头与推镜头相反，指镜头不断远离被摄对象，拍摄范围由小变大，被摄对象由大变小，以此体现被摄对象与环境之间的关系，更全面地展示周围环境。

3. 摇镜头

摇镜头是指摄像机机位不动，以三角架上的活动底盘或拍摄者自身为支点，摇转摄像机机身使其上下左右运动而拍摄的镜头。摇镜头拍摄范围灵活，常用于展示环境和被摄主体的全貌。

4. 移镜头

移镜头是指镜头按一定运动轨迹，沿水平或垂直方向进行运动拍摄。移镜头画面具有流动感，给人置身其中进行巡视、参观的感觉。

5. 跟镜头

跟镜头又称跟摄，指摄像机始终跟随被摄对象进行运动拍摄。跟镜头呈现出强烈的主观视角，常用于跟踪、追随等情景。

（五）画面构图

构图是短视频画面节奏和韵律的体现。下面介绍3种常见的构图方法，分别是线条构图法、几何图形构图法和平衡构图法。

1. 线条构图法

线条构图法是利用线条实现画面构图的一种方法，主要包括水平线构图、垂直线构图、斜线构图、S线构图4种类型。

（1）水平线构图。水平线构图是指利用一条穿过画面的水平线进行构图，采用这种方法构图的画面看起来宽广、平稳。水平线构图法在短视频中较为常见，常用于展示平静、安宁、稳定的场景，如水面、平川等，如图3-34所示。

（2）垂直线构图。垂直线构图是利用垂直于画面的直线进行构图，能够突出被摄对象的形态特征。这种构图方法一般用于展示场景，会给用户带来挺拔、秩序、稳定等感觉。例如，拍摄摩天大楼、参天大树、枝条藤蔓等长条形物体时，经常会使用这种方法构图，如图3-35所示。

（3）斜线构图。斜线构图是指使被摄对象在画面中呈倾斜角度的构图。这种构图采用打破常规的视角，不仅能丰富镜头语言，还让画面更加充实、饱满，如图3-36所示。

（4）S线构图。S线构图是指使被摄对象呈S形曲线从前景向中景和后景延伸，以此增强画面纵深方向的空间感。采用这种方法构图的画面独具韵律感，显得雅致、协调，如图3-37所示。

图3-34　水平线构图

图3-35　垂直线构图

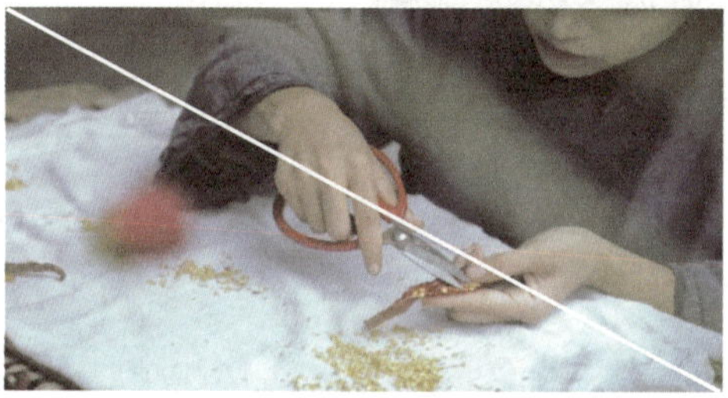

图3-36　斜线构图

图3-37　S线构图

2. 几何图形构图法

几何图形构图法是指利用几何图形进行构图，具体包括以下3种类型。

（1）三角形构图。三角形构图是指被摄对象的位置或形体在画面中呈三角状。这种构图具有安定、均衡又不失灵活等特点，如图3-38所示。

（2）圆形构图。圆形构图是指将被摄对象集中在画面中间，其圆心位置的对象就是整个画面的视觉中心。采用这种方法构图的画面更加饱满，通常会给人视觉收紧、突出中心的感觉，如图3-39所示。

图3-38　三角形构图

图3-39　圆形构图

（3）矩形构图。矩形构图是将画面中的物体均衡地铺排在矩形范围内，具有统一、均衡的作用。采用这种方法构图的画面会给人一种安静、平稳、和谐的感觉。矩形构图一般会利用门框、窗户等来辅助构图，如图3-40所示。

图3-40　矩形构图

3．平衡构图法

平衡构图法又称均衡式构图，采用这种构图的画面中，各个元素之间为平等关系，没有主次之分。它更注重视觉上的平衡，给人安静又轻松的舒适之感。具体包括以下3种类型。

（1）中心式构图。中心式构图是将拍摄主体放到画面中间，达到突出主体、平衡画面的目的，如图3-41所示。

（2）对称式构图。对称式构图是利用对称轴或对称中心将画面均衡分割，形成平衡、稳定的效果，如图3-42所示。需要注意的是，对称式构图并不讲究完全对称，画面形式上对称即可。

图3-41　中心式构图

图3-42　对称式构图

（3）九宫格构图。九宫格构图是利用4条黄金分割线将画面平均分成9等份，其中4个交叉点又称黄金分割点，是放置主体的最佳位置。这种构图可以让用户的视线集中在拍摄主体上。例如，猫咪卷起舌头的一瞬间是画面的亮点，将其放置在左下角的黄金分割点上能够瞬间抓住用户视线，如图3-43所示。

图3-43　九宫格构图

任务实施

本任务实施将利用前面所学知识，根据项目二中编写的分镜头脚本拍摄短视频。为便于读者理解，我们将整个过程分为布置场景和灯光，拍摄展示镜头，拍摄办公场景镜头3个部分讲解。同时，为了更好地呈现商品质感与细节，本案例使用单反相机进行拍摄，并利用三脚架辅助拍摄。

提示

本案例仅使用单反相机演示短视频的拍摄方法，读者可以根据实际情况使用其他拍摄设备或手机App进行拍摄。

（一）布置场景和灯光

步骤1 本案例一共搭建了两个场景，一个是展示场景，另一个是办公场景，如图3-44所示。

图3-44　展示场景和办公场景

步骤2 在布置灯光时要充分考虑拍摄现场的周边环境及商品本身的颜色和材质，以便拍摄人员拍摄出的镜头能够充分展示商品的外观和质感，具体布光效果如图3-45所示。

图3-45　展示环境布光图

步骤3 主光。将一盏150 W的柔光灯放在商品右上方作为主光，不仅能充分照亮场景中的商品及其周围区域，还能让投影的方向清晰地落在商品的左下方，突出主要的明暗关系，使布光更加合理。

步骤4 辅助光。利用来自窗口的自然光线作为辅助光，此光线透过蓝色的窗帘照进场景时已经变得柔和，既有效地照亮了物体的阴影区域，又不会影响整体的光源方向，还可以调节明暗区域之间的反差。

步骤5 轮廓光。由于商品颜色较重，因此使用反光面积较大的反光板作为轮廓光，对商品的外围轮廓进行补光，以突出加湿器圆润的形状。

（二）拍摄展示镜头

在拍摄展示镜头时，需要从多个角度、多个景别充分展示加湿器的外观和特点，具体操作步骤如下。

拍摄短视频

步骤1 拍摄第1个镜头。在商品正前方架好相机，从正面拍摄一个自上而下的摇镜头，使画面最终定格在加湿器的全景上，该镜头有助于用户清晰地了解商品的全貌，如图3-46所示。

图3-46　正面拍摄加湿器全景

步骤2 使用同一个机位，然后运用固定镜头从正面拍摄加湿器开关的近景画面，接着拍摄加湿器出气口的特写画面，如图3-47所示。这两个镜头有助于用户了解商品的细节。

图3-47　开关近景和出气口特写画面

步骤3 拉开窗帘让光透进来，以便体现出水雾的形态，然后使用固定镜头拍摄水雾从出气口喷出的特写画面，如图3-48所示。

步骤4 使用固定镜头从正面拍摄手机与加湿器对比的全景画面，如图3-49所示。

图3-48　水雾特写画面

图3-49　对比全景

步骤5 为便于展示加湿器的使用方法，将机位移至商品侧面并升高三脚架，然后采用斜侧俯拍的角度拍摄使用加湿器的全景画面，包括浸泡棉条和安装棉条的过程，如图3-50所示。

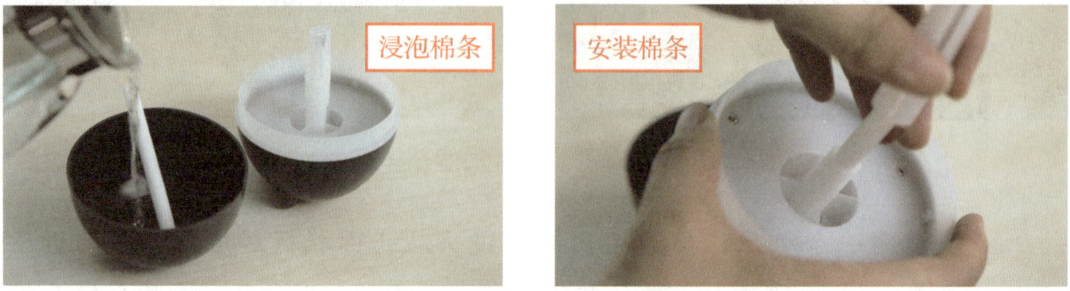

图3-50 斜侧俯拍加湿器使用方法

步骤6 使用固定镜头从斜侧拍摄为加湿器插上USB接口的近景画面，如图3-51所示。

图3-51 斜侧拍摄USB接口

（三）拍摄办公场景镜头

步骤1 采用斜侧俯拍的角度拍摄工作时使用加湿器的中景画面，如图3-52所示。

图3-52 斜侧俯拍工作场景

步骤2 采用斜侧俯拍的角度拍摄加湿器的USB线连接电脑的近景画面，以及连接充电宝的全景画面，如图3-53所示。

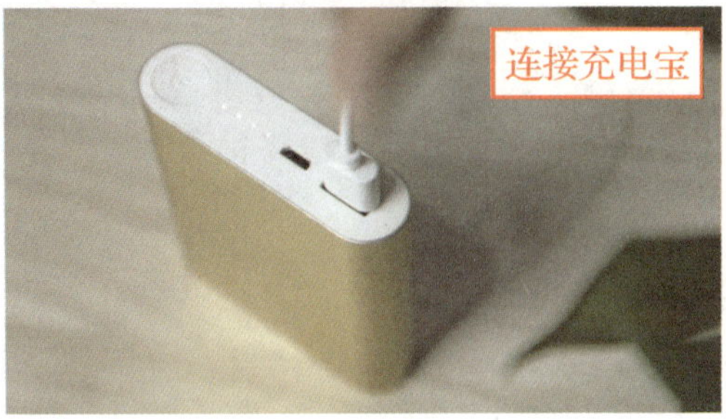

图3-53　USB线连接电脑和充电宝

步骤3 采用斜侧俯拍的角度拍摄碰倒加湿器的近景画面，然后拍摄加湿器侧翻的特写镜头，以便清晰地展示加湿器“倾倒防漏水”的设计特点，如图3-54所示。

图3-54　碰倒加湿器及其侧翻特写

提示

拍摄时，需要在脚本的基础上多拍些素材备用，防止拍摄的素材不能用或不够用时，需要重新布景、布灯进行拍摄，影响制作时间。

任务二　剪辑短视频

问题导入

后期剪辑可以将声音、画面、文字等多种元素集合起来，形成完整的视频，还可以使短视频画面更加连贯，更容易给用户带来强烈的视觉冲击力，吸引用户眼球。在学习本任务之前，请读者思考以下问题。

（1）常用短视频剪辑工具有哪些？

（2）如何进行转场设计？

（3）如何为短视频选择合适的背景音乐？

必备知识

一、常用短视频剪辑工具

使用剪辑工具可以对拍摄的短视频进行剪辑，并为其添加滤镜、转场、字幕、特效等。常用的短视频剪辑工具有以下几种。

（1）Adobe Premiere。Adobe Premiere是Adobe公司开发的一款PC端视频编辑软件，集视频采集、剪辑、转场、字幕制作等功能于一体，是目前流行的影视后期处理软件之一，广泛应用于影视制作、广告制作等领域，也是短视频后期处理的常用软件。

（2）爱剪辑。爱剪辑是一款功能强大、简单易用的视频编辑软件。它具有非常优秀的特效和滤镜效果，且支持多种音视频格式，即使没有任何专业知识，也可使用爱剪辑制作出令人满意的视频效果。

（3）快剪辑。快剪辑是360出品的一款功能齐全、操作简便、可以在线边看边编辑的视频编辑软件。它具有强大的视频录制、视频合成、视频截取等功能，支持无水印输出，免费无广告。

（4）会声会影。会声会影是一款操作简单的视频编辑软件，拥有多款精美滤镜及优质素材，支持加马赛克、文字、水印、美颜等功能。

（5）剪映。剪映是抖音官方推荐的一款移动端视频编辑软件。它具有强大的视频剪辑功能，且操作简单易上手，还内置了大量特效、贴纸、音乐、视频和字体素材，使用方便。

（6）小影。小影是一款经典的视频编辑工具，主打电子相册和Vlog制作，为用户提供了丰富的模板和素材。即使没有任何剪辑经验，用户也能利用小影快速制作出令人满意的视频。

（7）VUE Vlog。VUE Vlog是一款视频拍摄和编辑工具，也是一个原创的Vlog短视频平台，为用户提供了海量的音乐、贴纸、边框、字体、滤镜、转场等样式和素材，使用户能够轻松制作出高质量的短视频。

二、短视频的转场设计

转场是指镜头之间的过渡或转换。合理的转场可以增强短视频的条理性和连续性。下面介绍几种常见的转场方法。

（1）淡入淡出。淡入是指一个镜头的画面由暗转明，逐渐显现，通常用于短视频的开始，如图3-55所示；淡出是指一个镜头的画面由明转暗，直至黑场，通常用于短视频的结束，如图3-56所示。

图3-55 淡入转场效果

图3-56 淡出转场效果

（2）叠化转场。叠化转场是指将前一镜头的结束画面与后一镜头的开始画面叠加在一起，以一个镜头逐渐消失，另一个镜头逐渐显现的方式实现两个镜头之间的衔接、融合。这种转场方式可以使画面转换自然、连贯，常用于场景的自然切换，如图3-57所示。

图3-57　叠化转场效果

（3）相似性因素转场。相似性因素转场是在前后衔接的两个镜头或多个镜头中，利用外形或性质相似的被摄对象完成转场，以达到视觉连续、转场自然的目的。这种转场方式可以增强画面的连贯性。例如，用3个被摄主体都是鞋子的镜头，完成3个场景的切换，使画面在视觉上显得连贯且流畅，如图3-58所示。

图3-58　相似性因素转场效果

（4）特写转场。特写具有强调画面细节，集中用户注意力的作用。利用特写镜头转场不仅可以调动用户情绪，还可以在一定程度上弱化时空转换带来的视觉跳动，自然地实现转场。

例如，短视频《听说爱吃螺蛳粉的朋友，都很可爱啊！》中利用豆角的特写，衔接了从室内烫豆角到室外晾豆角两个场景，这种处理方式让场景的改变具有更强的逻辑性，如图3-59所示。

（5）空镜头转场。空镜头转场是指利用群山、建筑、田野、天空等进行场景之间的过渡。这种转场方式不仅可以展现环境风貌，明确转场后的地点，还可以达到借景抒情的目的，如图3-60所示。

图3-59 特写转场效果

图3-60 空镜头转场效果

（6）挡黑镜头转场。挡黑镜头转场是指镜头被画面中的某个对象暂时挡住，使用户无法从镜头中辨别出主体的性质、形状和质地等，从而完成时间或空间的转变。其实质是，利用主体被遮挡的效果完成场景的淡出与淡入，使画面效果具有较强的冲击力，且更具戏剧性。例如，利用书包作为遮挡，自然、流畅地完成了时空转换，如图3-61所示。

图3-61 挡黑镜头转场效果

三、短视频的背景音乐选择

短视频的背景音乐是否恰当是影响短视频热度的一个重要因素。合适的背景音乐可以完美地与视频内容相融合，推进短视频叙事，烘托情景氛围，带动用户情绪，引起情感共鸣。在为短视频选择背景音乐时需注意以下几点。

（一）掌握情感基调

每个短视频都有想要表达的主题和想要传达的情绪，这也决定了短视频的情感基调，如轻松活泼、庄严肃穆等。在选择背景音乐时要结合短视频的情感基调，否则会让用户产生违和感。

例如，制作治愈系的美食类短视频时，可以选择较为舒缓的纯音乐为背景音乐，以营造平缓、安宁的氛围；在制作风景类短视频时，可以选择古筝演奏的古典乐为背景音乐。

（二）注意整体节奏

有很多短视频需要借助背景音乐来推动节奏和情绪。为了让背景音乐和视频内容有较高契合度，应该先分析视频的整体节奏，然后根据整体的节奏感觉选择背景音乐。通常情况下，短视频节奏和背景音乐匹配度越高，画面就越有表现力。

（三）不要喧宾夺主

背景音乐的本质是为视频内容服务。选择背景音乐时，要既能衬托短视频内容，还能让用户感觉不到它的存在，不要喧宾夺主。如果背景音乐存在感太强，会使用户的注意力从视频内容上转移到背景音乐上，从而掩盖视频想要表达的内容。

任务实施

短视频后期剪辑一般分为5步，分别是分析脚本、理清思路→整理并挑选素材→拼接、剪辑镜头→添加音乐、字幕和特效等效果→对剪辑完的视频进行包装，如对视频画面进行色彩校正，或为其添加片头片尾等，使短视频的视觉效果更加美观，完整。

本任务实施将使用剪映App对任务一中拍摄的视频进行剪辑。为便于读者理解，我们将整个过程分为导入和剪辑素材，添加字幕，调整画面，添加背景音乐4个部分讲解。

剪辑短视频

（一）导入和剪辑素材

步骤1 打开剪映App，点击“开始创作”按钮，进入素材选取界面，在“照片视频”面板中的“视频”选项卡中，按镜号顺序依次选择拍摄的素材，然后点击右下角的“添加”按钮，导入素材，进入操作界面，如图3-62所示。

提示

本案例所需素材均位于“素材与实例”→“项目三”→“任务二”文件夹中，且按镜号顺序排列，操作前应先将其保存到手机上。

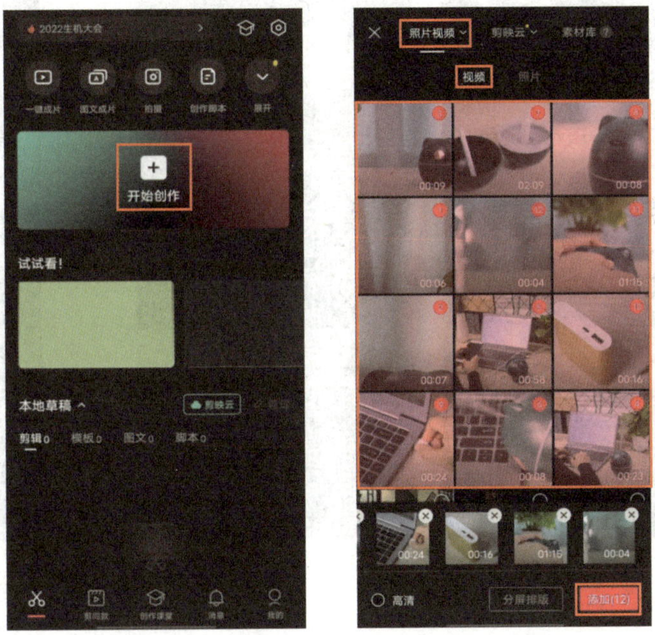

图3-62　导入素材

步骤2 向左拖动视频时间轴，使时间线位于第2秒处，然后点击操作界面底部的“剪辑”按钮进入剪辑界面，接着点击界面底部的“分割”按钮，将视频分割成两段，如图3-63所示。继续向左拖动视频时间轴，使时间线位于第5秒处，再次点击“剪辑”→“分割”按钮，将“镜号1.mp4”视频分成3段。

点击最左侧视频以选中该视频片段，点击“删除”按钮（见图3-64），删除选中的视频。使用相同方法删除第2段视频，这样“镜号1.mp4”视频就剪辑完成了。

提示

点击视频时间轴上方的“撤销”按钮可以撤销上一步操作；点击右侧的“恢复”按钮可以恢复撤销；点击界面中部的“播放”按钮，可以在预览窗口中预览视频效果。

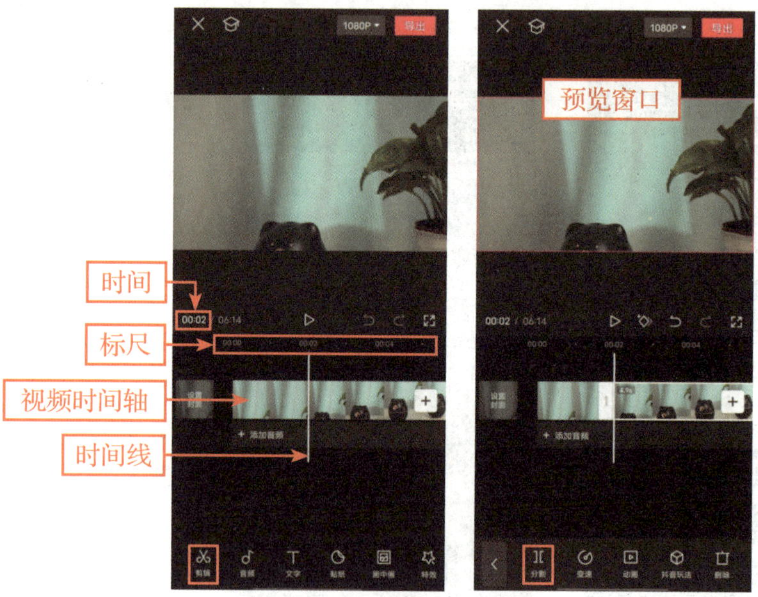

图 3-63　分割视频

图 3-64　删除视频

步骤 3 使时间线位于视频时间轴开始处，点击视频时间轴左侧的“关闭原声”按钮，关闭所有视频的原声。

选择剪辑好的“镜号 1.mp4”视频，点击“变速”→“常规变速”按钮，在弹出的界面中拖动圆形滑块到 2 x 处（此时，所选视频的时长会由 3 秒变为 1.5 秒），然后点击“确定”按钮，使视频播放速度加快，如图 3-65 所示。

步骤 4 参照上述方法，依次在“镜号 2.mp4”“镜号 3.mp4”“镜号 4.mp4”“镜号 5.mp4”“镜号 6.mp4”视频中各截取 2 秒的视频片段。

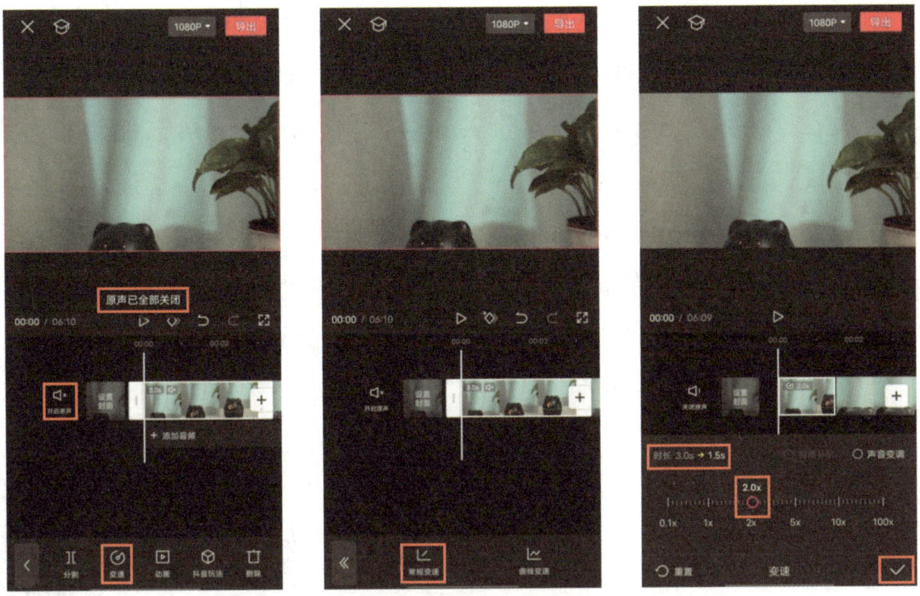

图3-65　关闭视频原声并设置变速效果

步骤5 在“镜号7.mp4”视频中截取浸泡棉条和安装棉条的两个片段。使时间线位于开始放水浸泡棉条的操作处（第1分07秒处），分割视频（见图3-66），然后截取此画面之后20秒左右的视频片段。

使时间线位于安装棉条处（第1分50秒处），分割视频（见图3-67），然后向后截取16秒左右的视频片段。

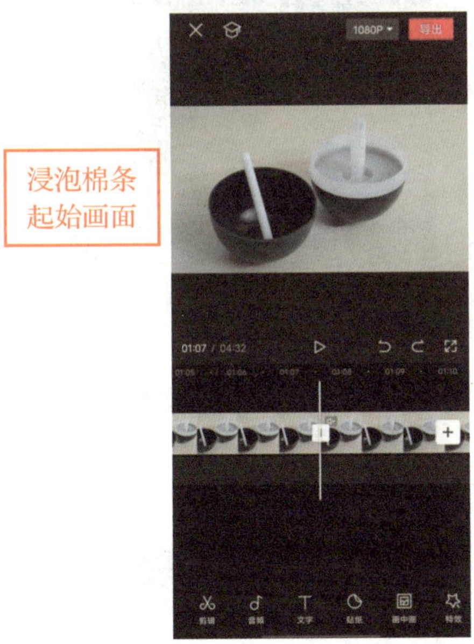

图3-66　截取浸泡棉条片段

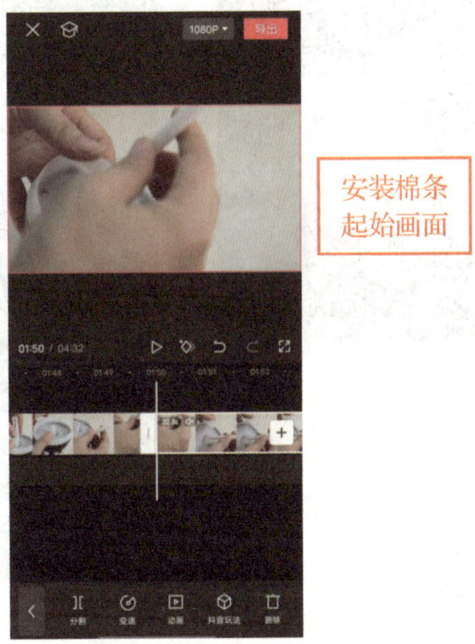

图3-67　截取安装棉条片段

步骤6 删除“镜号7.mp4”视频的多余片段，然后分别设置浸泡棉条和安装棉条片段的变速效果为6 x，使两个片段的时长共6秒左右。

步骤7 依次在“镜号8.mp4”“镜号9.mp4”“镜号10.mp4”视频中各截取2秒的视频片段。

步骤8 在“镜号11.mp4”视频中截取第1次按开关到第3次按开关之间15秒的视频片段，然后设置其变速效果为5 x。在“镜号12.mp4”视频中截取3秒水雾升腾的视频片段。全部剪辑完成后，整体的视频时长在30秒左右。

（二）添加字幕

根据前期策划的文案，逐一为视频添加字幕，同时为了让画面更生动、有趣，还需要为字幕素材添加动画效果，具体操作如下。

添加字幕

步骤1 使时间线位于视频时间轴开始处，点击操作界面底部的“文字”→“新建文本”按钮，在弹出的文本框中输入“小型加湿器”（此时预览窗口中会显示输入的文字），然后点击文本框下方的“样式”按钮，在展开的“样式”选项卡中设置字幕样式，如图3-68所示。

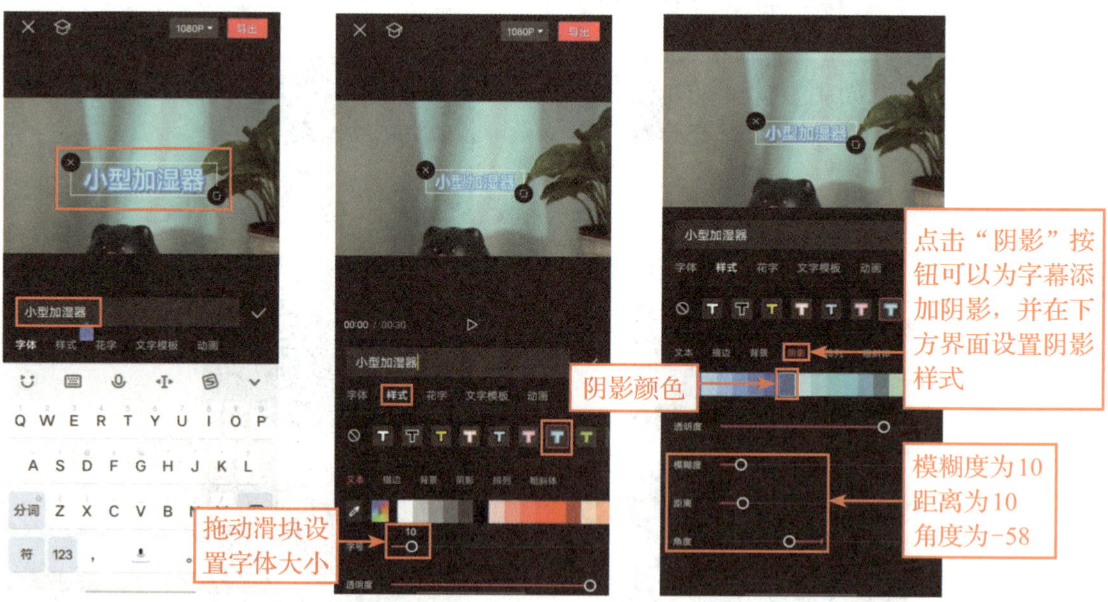

图3-68　设置字幕样式

提示

依次点击界面底部的“返回”按钮«和‹，可以返回操作界面。

步骤2 点击文本框下方的“动画”按钮，在展开的“动画”选项卡“入场”动画中选择“右下擦开”效果，并设置动画的持续时间为1秒（见图3-69），然后点击“确定”按钮✓，应用对字幕的设置。

步骤3 选择字幕时间轴并拖动其右侧滑块到第1秒12帧处，设置字幕的时长，然后在预览窗口中拖动字幕到加湿器正上方，如图3-70所示。

步骤4 参照上述方法，在第1秒15帧处添加字幕（为“镜号2.mp4”视频添加字幕），在“字体”选项卡中设置其字体为“经典雅黑”；在“样式”选项卡的“文本”设置区设置其颜色为白色，字号为8；在“排列”设置区设置其排列方式为“左对齐”，行间距为14。

在预览窗口中设置字幕的位置（见图3-71），然后在“动画”选项卡的“入场”动画中选择“渐显”效果，并设置动画的持续时间为1秒，最后点击“确定”按钮✓，应用对字幕的设置。

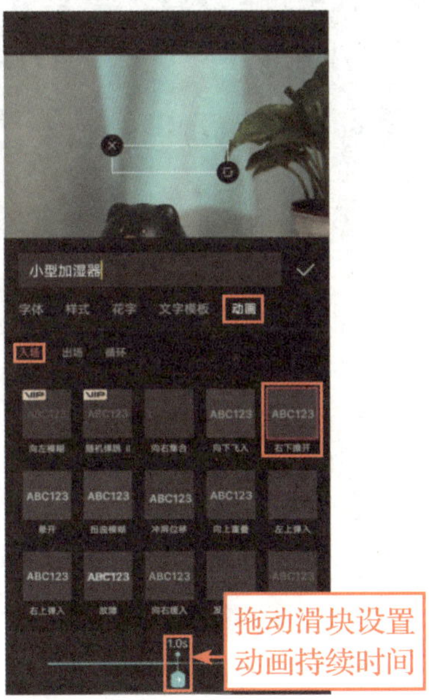

图3-69 为字幕设置动画效果

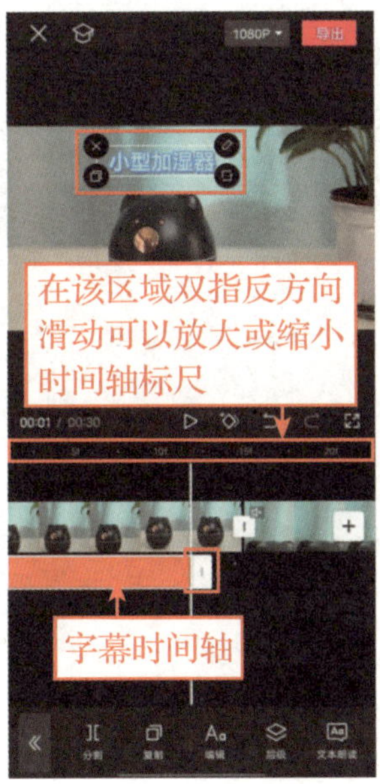

图3-70 设置字幕时长和位置

图3-71 在第1秒15帧处添加字幕

步骤5 将“镜号2.mp4”视频的字幕时间轴的右侧滑块拖到第3秒15帧处，设置字幕的时长为2秒。

步骤6 参照上述方法，根据项目二中的短视频文案依次为后面的视频添加字幕，并设置其样式、动画效果和字幕时长。

在画面左下角位置为“镜号3.mp4”视频添加字幕“比智能手机更小巧”（见图3-72）；为“镜号4.mp4”和“镜号5.mp4”视频添加字幕“倾倒防漏水设计”；为“镜号6.mp4”视频添加字幕“照顾你偶尔的小冒失”；为“镜号7.mp4”的两段视频分别添加字幕“将棉条浸泡3分钟”“将棉条装上盖好”；为“镜号8.mp4”视频添加字幕“USB充电”；为“镜号9.mp4”视频添加字幕“可接电脑”；为“镜号10.mp4”视频添加字幕“接充电宝”；在“镜号11.mp4”视频的合适时间添加字幕“按一下持续出水雾”“按两下间歇出水雾”“按三下关闭”。在视频右侧为“镜号12.mp4”视频添加字幕“小型加湿器，滋润你的办公生活”，如图3-73所示。

图3-72　字幕放置位置

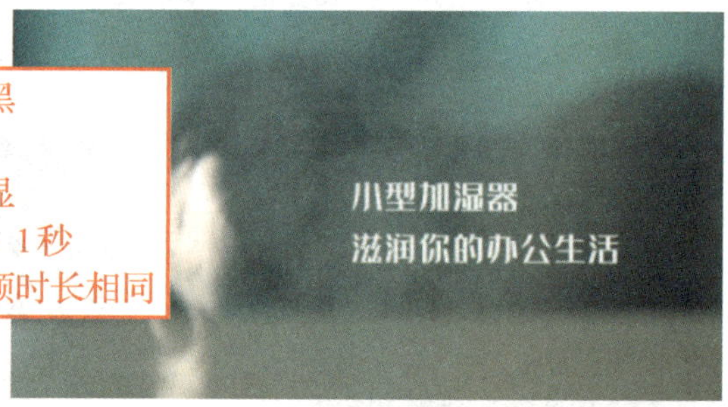

图3-73　“镜号12.mp4”视频字幕的位置

提示

当界面中不显示字幕时间轴时，点击界面底部的“文字”按钮，进入文字界面即可显示。

（三）调整画面

视频基本编辑完成后，需要对视频画面进行色彩校正并添加特效。下面首先调整光线不足及与其他镜头色差较大的视频片段，然后再进行整体调色，使短视频色调统一。

调整画面

步骤1 使时间线位于“镜号5.mp4”视频的开始处，在操作界面底部的按钮区域左滑，然后点击“调节”按钮，在弹出的“调节”界面中点击“亮度”按钮，并拖动下方滑块，设置亮度值为14，使画面变得更明亮、通透，最后点击“色调”按钮，设置其值为-15，使画面色调为淡蓝色，如图3-74所示。

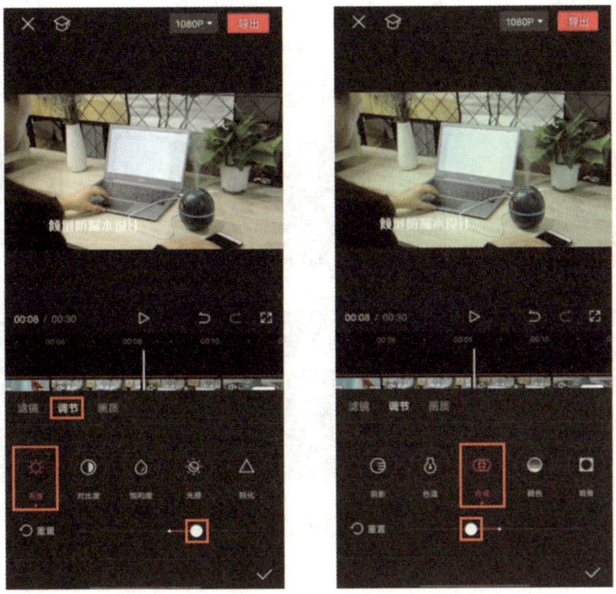

图3-74 调节画面亮度和色调

步骤2 点击“确定”按钮，应用设置（此时，调节效果的时间轴会自动与当前视频时间轴等长）。参照上述方法调节其余光线不足，色调不统一的视频。

步骤3 使时间线位于已添加调节效果的视频处，点击操作界面底部的“滤镜”按钮，在打开的界面中点击“新增滤镜”按钮，在弹出的“滤镜”界面中选择“净透”，并设置其值为90，如图3-75所示。

点击“确定”按钮，应用滤镜，然后选中“净透”时间轴并拖动其右侧滑块到总视频的结尾处，为整个视频添加净透效果，如图3-76所示。

步骤4 选择最后一个视频，点击操作界面底部的“特效”按钮，进入特效界面，接着点击界面底部的“画面特效”按钮，在弹出界面的“光”选项卡中双击“丁达尔光线”，在弹出的“调整参数”设置区设置其速度为0，不透明度为50，如图3-77所示。

点击“确定”按钮，应用特效，然后设置丁达尔光线时间轴与最后一个视频时间轴等长。

图3-75 添加滤镜

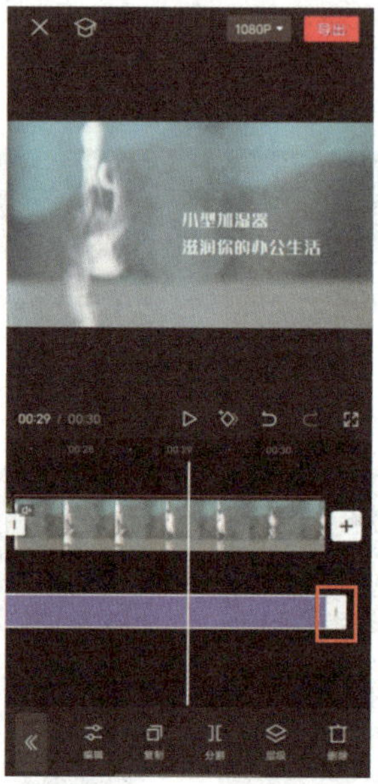

图3-76 调节滤镜时长

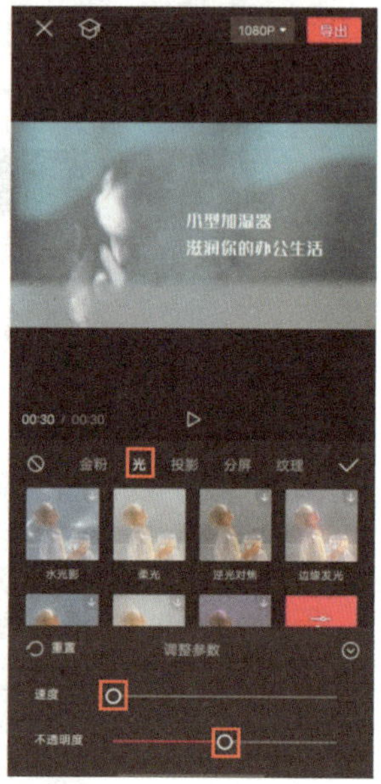

图3-77 添加特效

（四）添加背景音乐

步骤1 返回操作界面，点击视频时间轴下方的“添加音频”按钮，进入“音频”界面，然后点击界面底部的“音乐”按钮，进入“添加音乐”界面，在该界面中选择合适的音乐，点击其右侧的“下载”按钮进行下载。下载成功后“下载”按钮变为“使用”按钮，点击该按钮添加背景音乐，如图3-78所示。

添加背景音乐

步骤2 选中音乐时间轴并拖动其右侧滑块，使其与视频时间轴等长。选中音乐时间轴，点击界面底部的“音量”按钮，在弹出的界面中设置其音量为

15（见图3-79），点击“确定”按钮，应用设置。

点击界面底部的“淡化”按钮，在弹出的界面中设置淡入时长为1秒，淡出时长为2秒，然后点击“确定”按钮，应用设置。

图3-78　添加音乐

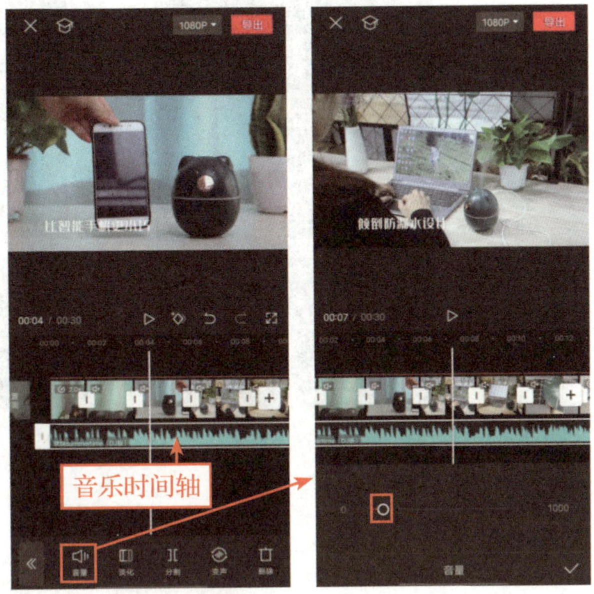

图3-79　设置音乐的音量

步骤3 点击操作界面右上角的“导出”按钮，将剪辑好的视频保存到相册和草稿中。

提示

剪映App提供了视频自动保存功能。在剪辑视频的过程中，如果不小心退出了App或点击了界面左上角的“关闭”按钮，可以在App主页的“本地草稿”→“剪辑”选项卡中找到刚刚操作的视频，如图3-80所示。此外，点击视频下方的按钮，可以在弹出的界面中查看视频最后的更新时间，或对视频进行云备份、重命名、复制、删除等操作。

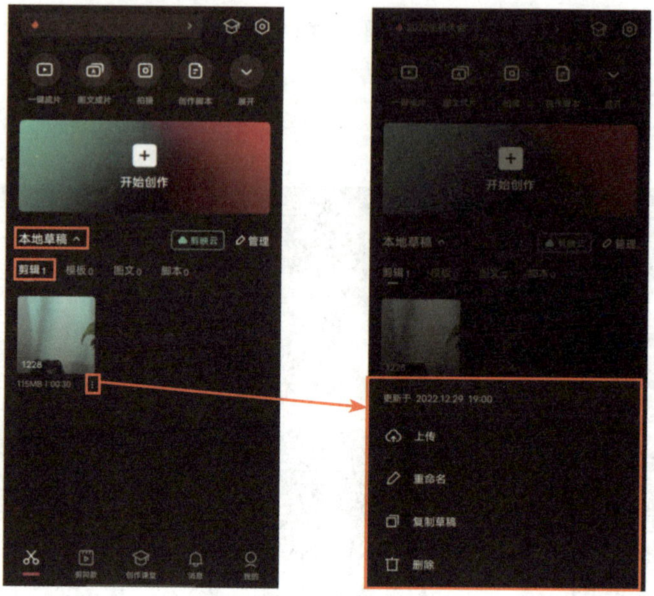

图3-80　视频自动保存功能

项目实训

根据本项目所学知识，使用手机或其他拍摄设备将项目二设计的美食类短视频脚本拍摄成短视频并对其进行剪辑。

（1）根据脚本布置场景和灯光，并选择合适的拍摄设备。

（2）对拍摄的视频素材进行初步整理，保留有用的素材。

（3）将视频素材导入到剪映App中，对其进行后期剪辑，并保存剪辑好的视频。

课后习题

1．选择题

（1）以下景别中最适合用于拍摄叙事类短视频的是（　　）。

A．近景　　B．特写　　C．中景　　D．远景

（2）以下光型中适合用于拍摄珠宝首饰类商品短视频的是（　　）。

A．辅光　　B．修饰光　　C．轮廓光　　D．背景光

（3）以下构图方法中会给用户带来挺拔、秩序和稳定等感觉的是（　　）。

A．水平线构图　　B．S线构图

C．垂直线构图　　D．中心式构图

（4）以下转场方法中可以使画面效果具有较强的冲击力，且更具戏剧性的是（　　）。

A．淡入淡出　　B．特写转场

C．空镜头转场　　D．挡黑镜头转场

2．填空题

（1）画幅比是用来描述__________之间比例关系的一组数值。短视频常用的画幅比有__________和__________两种。

（2）景别是指由于__________之间的距离不同，而造成__________在摄像机画面中所呈现出的不同范围和大小。景别一般分为5种，由远至近分别为__________、__________、__________、近景和特写。

（3）光位是指__________之间所形成的角度，主要分为__________、__________、__________、__________、__________、顶光和底光7种类型。

（4）淡入是指一个镜头的画面__________，__________，通常用于短视频的__________。淡出是指一个镜头的画面__________，__________，通常用于短视频的__________。

学习成果评价

完成所有学习任务之后，请读者按照以下要求完成学习评价。

全班同学每5人一组，各组成员结合课前、课中和课后的学习情况和项目实训情况，按照表3-1的评价标准对该项目的学习效果进行自评和互评，并请老师进行总体评价。

表 3-1 学习成果评价表

<table>
<tr><th rowspan="2">评价项目</th><th rowspan="2">评价内容</th><th rowspan="2">分值</th><th colspan="3">评价得分</th></tr>
<tr><th>自评</th><th>互评</th><th>师评</th></tr>
<tr><td rowspan="4">知识（40%）</td><td>短视频拍摄常用的拍摄设备和剪辑工具</td><td>10分</td><td></td><td></td><td></td></tr>
<tr><td>短视频的画面设计</td><td>15分</td><td></td><td></td><td></td></tr>
<tr><td>短视频的转场设计</td><td>10分</td><td></td><td></td><td></td></tr>
<tr><td>短视频背景音乐的选择方法</td><td>5分</td><td></td><td></td><td></td></tr>
<tr><td rowspan="2">技能（40%）</td><td>拍摄短视频</td><td>20分</td><td></td><td></td><td></td></tr>
<tr><td>对短视频进行后期剪辑</td><td>20分</td><td></td><td></td><td></td></tr>
<tr><td rowspan="4">素养（20%）</td><td>善于团队合作、与人沟通</td><td>5分</td><td></td><td></td><td></td></tr>
<tr><td>按时、积极参加教学活动</td><td>5分</td><td></td><td></td><td></td></tr>
<tr><td>高质量地完成课前预习、课后复习</td><td>5分</td><td></td><td></td><td></td></tr>
<tr><td>具备良好的学习态度</td><td>5分</td><td></td><td></td><td></td></tr>
<tr><td colspan="2">合 计</td><td>100分</td><td></td><td></td><td></td></tr>
<tr><td>总评</td><td>自评（20%）+互评（20%）+师评（60%）=</td><td>综合等级：</td><td colspan="3">教师（签名）：</td></tr>
</table>

项目四

短视频发布与推广

项目导读

要让短视频被别人看到并成为爆款，只有优质的内容是不够的，还要将它发布到短视频平台上，并进行营销推广。在发布短视频时要对其封面、标题、文案和标签进行设计，在发布短视频后还要使用合适的方法推广短视频，提升其热度，之后还要对已发布的短视频进行数据分析，并根据情况提升优化短视频内容。

知识目标

- 掌握短视频封面的设计方法。
- 掌握短视频标题与文案的设计方法。
- 掌握短视频标签的设置方法。
- 了解短视频的推广方法。
- 了解短视频的数据分析方法。

能力目标

- 能够为短视频设计封面、标题、文案和标签，并发布短视频。
- 能够推广短视频，并对其进行数据分析。

素质目标

- 分析并学习热门短视频的封面和标题设计，并学习其推广方法，增强自主学习和探究学习意识。

启发案例

深度解析爆款短视频的营销推广方法

不久前，某奶茶品牌在各短视频平台的官方账号上发布了一支魔性洗脑的主题曲MV，在随后一个多月内，该短视频在各大平台持续发酵，迅速出圈，成为了爆款。

该品牌采用线上线下相互导流的模式，利用它庞大且广泛的线下渠道优势，在多家门店播放该歌曲，提高用户对歌曲的接受度，同时在线上以各短视频平台为主要传播媒介，在B站、抖音、快手、微信、微博等平台发布相关短视频与年轻人深度链接，吸引了大批粉丝。

此外，该歌曲本身与品牌“亲民、大众”的调性高度契合，且节奏欢快，歌词简单重复，极具魔性，自带社交传播点，再加上官方的持续互动，使其影响力不断扩大。最后在官方账号鼓励下，各领域博主各显神通，对歌曲进行了二次创作，还有不少博主直接到该品牌的线下门店进行探店，并将其“社死”瞬间拍下来发布到网上，引来一大批效仿者，其中有想拍短视频赚取流量的，也有实实在在看了短视频想要消费的用户。

话题热度上来后，品牌为了反馈支持它的粉丝，举办了由粉丝发起的“唱歌送奖励”活动，甚至“将错就错”地推出了各种衍生活动，如在父亲节对父亲唱歌的活动，只要完成任务并发布短视频即可收到礼物。一波操作下来，不仅在用户面前刷足了好感，还使话题量飙升，吸引了大量用户。

在话题热度逐渐下降时，官方又通过微信平台发布短视频与文章，深入解剖该轮短视频营销成功的秘诀，并趁机推广品牌故事，塑造品牌形象，延续话题热度。

这次主题曲事件，看似只是一个简单的话题事件，但在话题大火的过程中，各个平台都在暗自发挥各自的推广优势、彼此关联，合力将品牌热度快速引爆。相信各短视频创作者通过分析此次事件，可以为自己的短视频推广获取思路。

（资料来源：https://www.digitaling.com/articles/524096.html，有改动）

任务一　发布短视频

问题导入

打造爆款短视频需要多维度考虑，优质的内容是关键，但吸睛的封面、标题、文案和标签也同样重要。在学习本任务之前，请读者思考以下问题。

（1）如何设计短视频封面？

（2）如何设计短视频的标题和文案？

（3）如何设置短视频标签？

必备知识

一、短视频的封面设计

封面是用户浏览短视频时第一眼看到的内容，决定了用户对短视频的第一印象。封面是否有足够吸引力，大概率决定了短视频的打开率和用户关注度。

（一）短视频封面种类

常见的短视频封面主要有4类，下面分别介绍。

（1）视频内容截图。视频内容截图是最简单的一种短视频封面类型，就是直接选取视频截图作为封面。制作这类封面时，一要保证截取的图片清晰，二要保证图片内容与主题相契合。

（2）文字封面。文字封面是提取视频中的关键字，放在视频最前面的几帧上作为短视频封面。这种封面让用户可以直观地了解短视频重点。

（3）模板化封面。模板化封面是每一期短视频都使用固定的“框架模板”制作封面，以形成统一的风格。这种封面可以使用户很方便地在历史记录中找到自己感兴趣的内容，也可以加深用户影响，打造优质的短视频账号形象。

（4）遮罩式封面。遮罩式封面是在短视频上方和下方添加遮罩作为封面，利于直观展现和区分短视频内容，如图4-1所示。对于横版视频而言，在其上方和下方添加遮罩，有利于在竖屏中显示。这类封面在舞蹈歌曲、影视娱乐类短视频中采用较多。

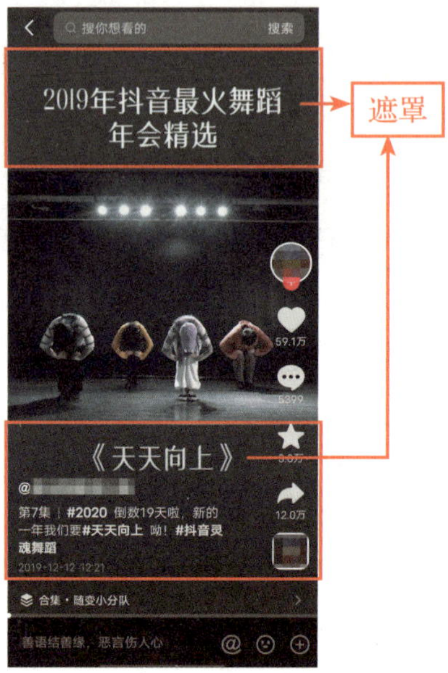

图4-1　遮罩式封面

（二）短视频封面设计要求

在设计短视频封面时，要遵循以下几点基本要求。

（1）画面要清晰。短视频封面要足够清晰，如果封面太模糊或过于昏暗，不仅难以传递信息，也容易影响用户体验，使用户丧失观看短视频的兴趣。

（2）封面要与标题相关。短视频封面要与标题和视频内容保持一致，以便让用户通过封面就可以了解短视频内容。例如，制作美食或产品类短视频时，可以使用相应的食物或产品作为封面。

（3）主次分明。要注意短视频封面上各元素之间的关系，标题和视频元素之间做到主次分明、互不干涉。

（4）突出重点。短视频封面上的主体对象要尽可能处于中间比较醒目的位置，以便用户快速找到重点；要避免封面中的人或物过多，造成较大的信息误差。

（三）短视频封面文字设计要求

醒目的文字内容可以第一时间抓住用户眼球，在设计封面上的文字时要注意以下几点基本要求。

（1）字号。要在不影响美观的情况下使用足够大的字号。

（2）位置。尽量将文字放置在最佳展示区域，避免被封面上的其他元素所遮挡。

（3）字数。字数要少而精，字太多不仅会影响封面美观度，还会增加用户阅读时间，使用户感到烦躁。

（4）字体。封面上文字的字体要符合封面风格和视频风格，尽量使用常规字体，不使用较为奇怪的字体，以免影响文字辨识度。

二、短视频的标题与文案

（一）短视频标题

好的标题可以使短视频内容更加丰富饱满，激发用户认同感，促进互动率。为短视频设计标题，可以从以下几方面入手。

（1）提出疑问。这类标题通常是用问句对视频内容进行总结，能够引发用户强烈的好奇心，用户为了获取答案，就会继续观看视频内容。例如，“被公司辞退该如何维权？”“如何使学生爱上学习？”

（2）设置悬念。这类标题通常会设置悬念引发用户好奇心，可以通过在标题里加上“万万没想到”“揭秘”“最后结局亮了”等关键词来实现，如“婚礼现场头纱意外滑落，新娘反应亮了”。需要注意的是，使用这类标题时，要保证视频内容可以满足用户好奇心，不然容易引起用户反感。

（3）干货式。这类标题可以让用户迅速获取短视频的价值，让用户感觉通过观看短视频可以提升自身技能或知识。例如，“3天速成×××”“学会这3招，让你进阶×××大神”“快码住！××技巧大总结”。使用这类标题时，需要先摸清目标用户的需求，再针对性地给出解决方法。

（4）数据化描述。这类标题是通过具体数字对短视频内容进行数据化描述，使视频更具说服力和吸引力。例如，“99%小白都避不开的×××误区！”“花了10万买的教训！”

（5）结合热点。结合热点是指在标题中加入与热点事件相关的词，以提高短视频热度，让更多用户知道自己的短视频账号。需要注意的是，所结合的热点要与短视频账号的定位具有一定关联性。

（6）引发共鸣。这类标题可以引起用户的思考和回忆，从而引发用户的情感共鸣，让用户感同身受。例如，“不是老歌变好听了，而是我们都有了故事”“街头发生让人鼻酸的一幕”。

（二）短视频文案

好的短视频文案可以起到画龙点睛的作用。常见的短视频文案可分为以下几类。

（1）互动类。互动类文案以疑问句和反问句居多，且多是开放式问题。例如，“碰到这样的事你该怎么办？”“你还想知道什么？”“你被这样套路过吗？”

（2）叙述类。这类文案会给用户描述一个富有画面感，且真实的场景，给用户很强的代入感。例如，“在办公室就没法护肤了？利用午休时间涂点水乳，起来后感觉自己精神焕发”。

（3）悬念类。当短视频具有反转情节时，其文案设计要留有悬念，使用户可以在短视频中停留更多时间，如“一定要看到最后”“最后那栋房子是你的梦想吗？”

（4）段子类。这类文案是将网上比较火的段子放到文案中，吸引用户观看或进行互动，如“冬天的第一盒草莓，还不抓紧给女友安排上”。

三、短视频的标签设置

在短视频平台上传短视频时需要为其设置标签。好的标签更容易得到平台推荐，直达目标用户群体，加大短视频曝光量。设置标签时需要注意以下事项。

（1）合理控制标签数量和字数。短视频标签不只是简单地给短视频分类，而是代表着不同的用户群体。一般来说，每个标签的字数在2～4个之间，标签数量在3～6个之间。标签太少不利于平台的推送和分发，而太多又会淹没重点，错过核心用户群体。

(2) 标签要准确。短视频标签的内容要与视频内容相关联，要足够准确，否则再多的标签也毫无作用。如美食类短视频的标签一定要属于美食范畴，可以是“蛋糕”“川菜”“火锅”“麻辣烫”等，以便短视频被精准分发到核心用户群体中。

(3) 找准目标用户。为短视频设置标签的目的就是为短视频找到核心用户，从而获取大量点击率。如果标签能直接体现出目标用户，就能把短视频直接投放到用户群体中。例如摄影类、运动类短视频可以直接在标签中加上“拍照达人”“头号球迷”等关键词。

(4) 热点热词。热点事件既然能称为热点，就意味着有千千万万的用户在关注这一话题。在为短视频设置标签时，如果视频内容正好与热点内容有关联，就可以在标签中使用热点热词，从而获得更多推荐，增加短视频的曝光率。

任务实施

本任务实施将利用前面所学知识，为项目三剪辑好的短视频制作封面并将其发布到抖音App中。为便于读者理解，我们将整个过程分为制作封面和发布短视频两部分讲解。

发布短视频

(一) 制作封面

步骤1 打开抖音App，注册并登录账号后，点击界面底部的“创建”按钮，进入操作界面，如图4-2所示。

点击界面右下方的“相册”按钮，进入素材选取界面，在“所有照片”面板的“视频”选项卡中选择剪辑好的视频（可在本书配套资源“素材与实例”→“项目四”→“任务一”文件夹中获取），然后点击右下角的“下一步”按钮（见图4-3），导入素材，进入编辑界面。

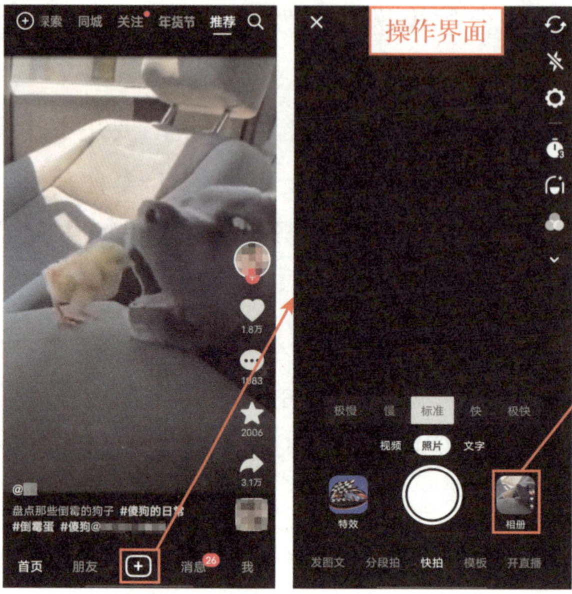

图4-2 进入操作界面

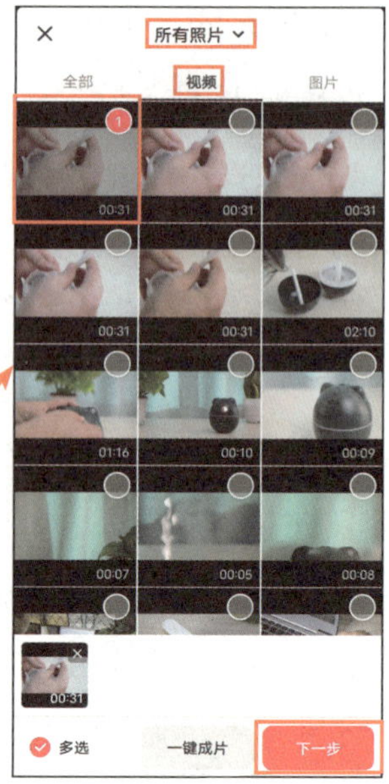

图4-3 导入素材

步骤2 点击编辑界面底部的“下一步”按钮，进入“发布”界面，如图4-4所示。

点击“发布”界面右上角的“选封面”按钮，在打开的界面中点击“相册”按钮（见图4-5），进入素材选取界面，在“所有照片”面板中选择“封面图片.jpg”素材（可在“项目四”→“任务一”文件夹中获取），以选择封面图片。

图4-4 进入“发布”界面

图4-5 选取封面图片

步骤3 点击界面右上角的“下一步”按钮，进入模板界面，在该界面的“时尚”选项卡中选择合适的封面模板，此时预览窗口中会显示选择的模板样式，如图4-6所示。

在预览窗口中选择标题，然后点击文本框，删除文本框中的内容并输入“#宝藏好物分享”，最后在文字界面的“样式”选项卡中设置标题颜色为深蓝色，如图4-7所示。

步骤4 使用相同方法，将标题下方的文本改成“小巧 | 实用 | 静音”，突出加湿器的优点。在文字界面的“文字模板”选项卡中选择合适的文字模板，将模板中的文本改为“加湿器篇”，作为短视频的副标题，强调短视频中具体要介绍的内容，然后在预览窗口中调整副标题的大小和各文本的位置，如图4-8所示。

图4-6 选择封面模板

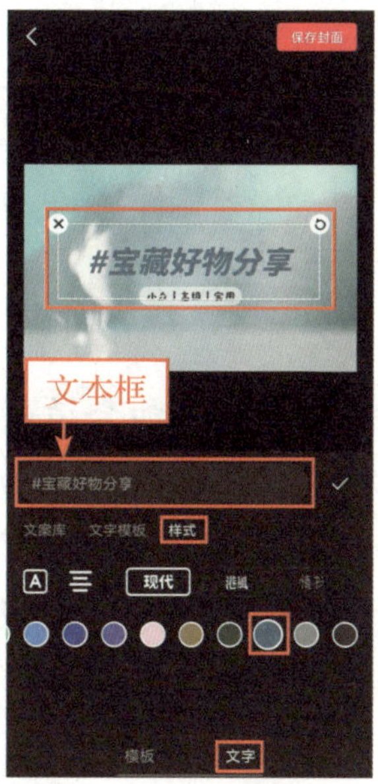

图4-7 设置标题样式

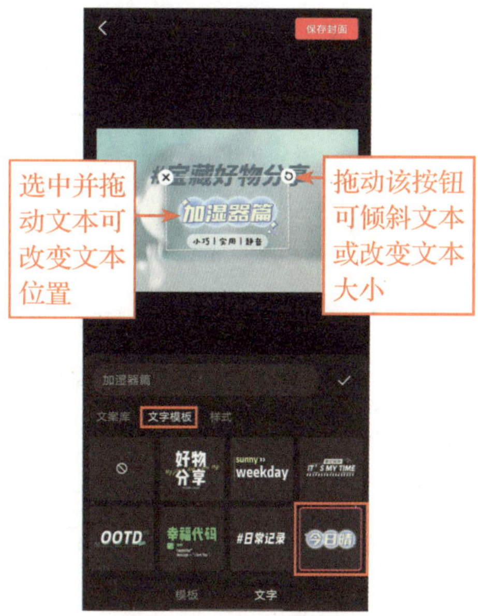

图4-8 制作副标题

步骤5 点击界面右上角的“保存封面”按钮，保存编辑好的封面并返回“发布”界面。

（二）发布短视频

步骤1 在“发布”界面中点击“#添加话题”按钮，在展开的列表中选择合适的话题，重复以上操作添加多个话题，如图4-9所示。

步骤2 添加完话题后，点击“发布”界面下方的“发布”按钮即可发布短视频，如图4-10所示。

图4-9 添加话题

图4-10 发布短视频

提示

话题就是指标签，发布短视频时为其添加合适的话题，能够让对相应话题感兴趣的人快速搜索到相关短视频并观看，有助于提高短视频的点击量和点赞量。此外，点击“#添加话题”按钮后，除了在展开的列表中选择话题外，还可以自行输入。

任务二 推广短视频

问题导入

在当下这个短视频泛滥、内容同质化严重的阶段，要获得较高的曝光率，除了内容要有创意外，还要有好的营销推广手段。在学习本任务之前，请读者思考以下问题。

（1）如何推广短视频？

（2）如何进行短视频数据分析？

必备知识

一、短视频的引流推广

要让短视频被更多用户看到，就要为其引流推广，最常用的引流方法有以下几种。

短视频发布与推广

（一）多渠道转发引流

多渠道转发引流是指通过在多个短视频平台发布短视频，或者将短视频分享给自己的好友并让好友帮忙扩散传播，或者与不同的短视频账号进行互推等方法为短视频引流。

（二）评论引流

评论引流是指在相关领域的热门短视频下方留言，这样当用户看到留言后，点击名字就可以直接到达留言的短视频账号主页。

使用该方法引流时，需要确保自己的评论内容观点独到或幽默风趣，这样才能引起用户的积极点赞与关注，起到引流的作用。此外，还需要精心设计自己账号的主页图、简介等信息，使引流来的用户可以快速了解账号定位，吸引用户目光，留住用户。

（三）自费引流

自费引流简单来说就是付费给短视频平台，使平台可以将短视频推荐给更多目标用户，以提高短视频的播放量和互动量。

二、短视频数据分析

短视频发布一段时间后，通过短视频数据分析结果能够知道短视频存在哪些问题，然后有针对性地对短视频内容和推广方式进行优化、改进。一般来说，短视频的核心数据包括播放量、完播率、互动率、吸粉率4类。

（一）播放量

播放量是指短视频被观看的次数。要想提升播放量，就需要做好短视频的引流推广工作，使短视频被推送给更多用户。

（二）完播率

完播率是指短视频被用户完整播放的次数在整体播放量中的占比。完播率在30%以上算是比较优秀的短视频。要提高完播率，就要做到在短视频中不使用废话，将视频时长控制在15～40秒之间，在视频中制作悬念或巧用热门音乐。如果是科普或知识类短视频可以适当增加时长。

（三）互动率

互动率主要通过点赞量、评论量、转发量3类数据体现。

（1）点赞量。对于用户来说，点赞是比较容易的互动行为，当短视频内容生动有趣，表述的观点被用户认同时，短视频的点赞量就会自然而然地增加。

（2）评论量。当用户有强烈的认同感，或者视频内容存在争议时，用户才有可能去表达自己的想法，给短视频评论。此外，我们也可以在短视频中引导用户进行评论，如“对于这个事件，你还有什么看法，评论区留言，我们一起来探讨。”“你下一期还想看什么东西？评论区留言。”

（3）转发量。当用户认为视频内容非常搞笑有趣，或者分享的内容有价值，值得去转发时，才有可能产生转发这个行为。

（四）吸粉率

短视频吸粉率的计算公式是：视频吸粉量÷视频播放量×100%，在一些短视频平台中可以直接查看其吸粉率。长期稳定地输出有价值的短视频对于提升吸粉率有很大帮助，此外还要注意短视频的内容与时长。

除核心数据外，还有关注量、加购量、取关量、主页访问量、搜索量等其他数据。不同短视频平台可以获取不同的数据，一般来说，普通短视频账号分析4种核心数据就足够了。

任务实施

本任务实施将利用前面所学知识，通过抖音App查看已发布短视频的相关数据，并对数据进行分析，以总结经验，寻找对短视频内容进行改进与优化的方向。

（一）获取数据

步骤1 打开抖音App，点击“我”界面右上角的按钮，在展开的列表中选择“创作者服务中心”，进入服务中心界面，点击该界面“账号数据”区域的“详情”按钮，进入数据中心界面，如图4-11所示。

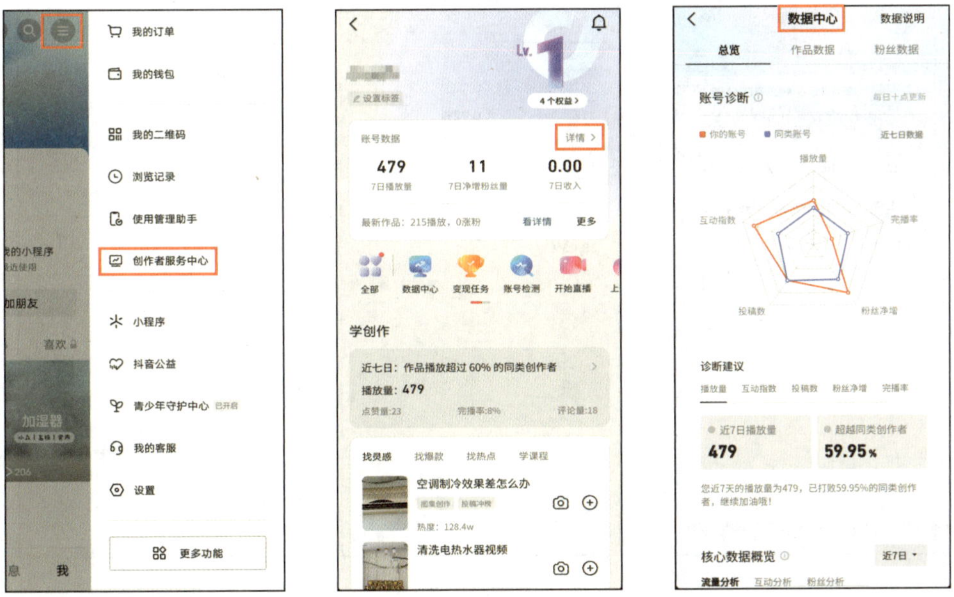

图4-11 查看账号数据

步骤2 在数据中心界面“总览”选项卡的“账号诊断”区域可以查看短视频的核心数据，在下方的“诊断建议”区域还可以查看平台针对各个数据的提升建议，如图4-12所示。

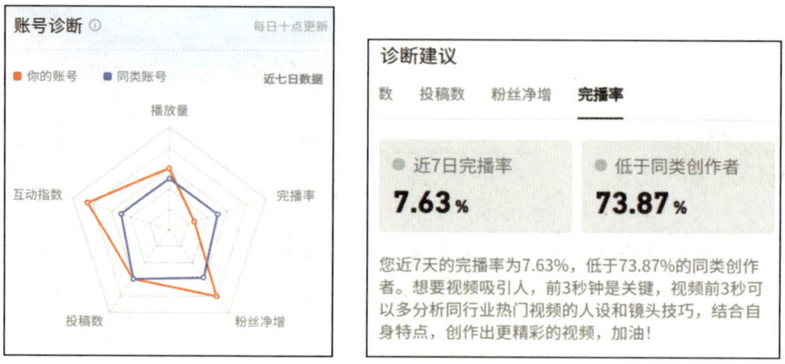

图4-12　短视频账号核心数据及提升建议

步骤3 在数据中心界面“作品数据”选项卡中可以查看已发布短视频的点赞、评论、分享和播放数据，点击短视频，可以在打开的“作品数据详情”界面中查看单个短视频的数据详情，如图4-13所示。

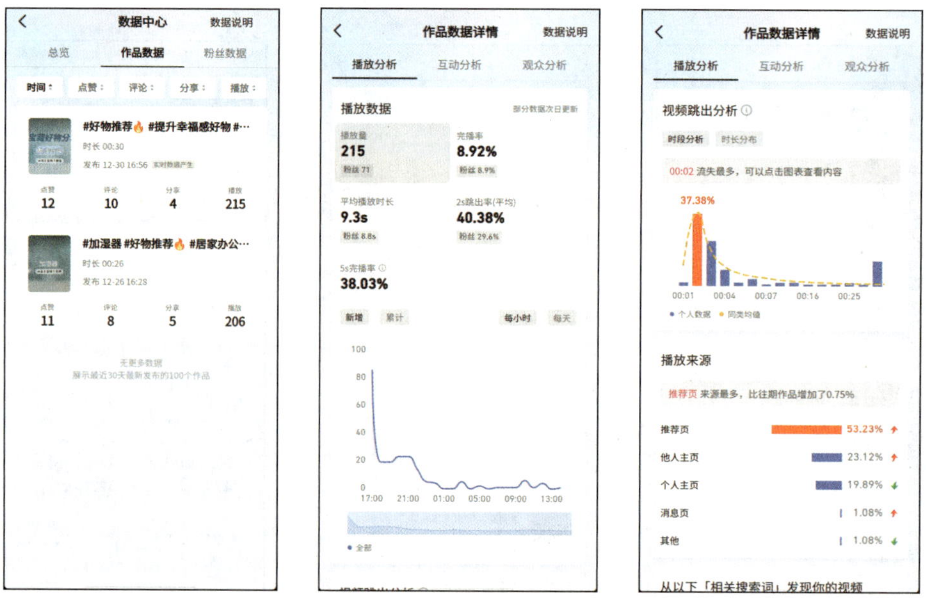

图4-13　单个短视频的数据详情

步骤4 在数据中心界面“粉丝数据”选项卡中可以查看近期的粉丝变化和粉丝关注来源，如图4-14所示。

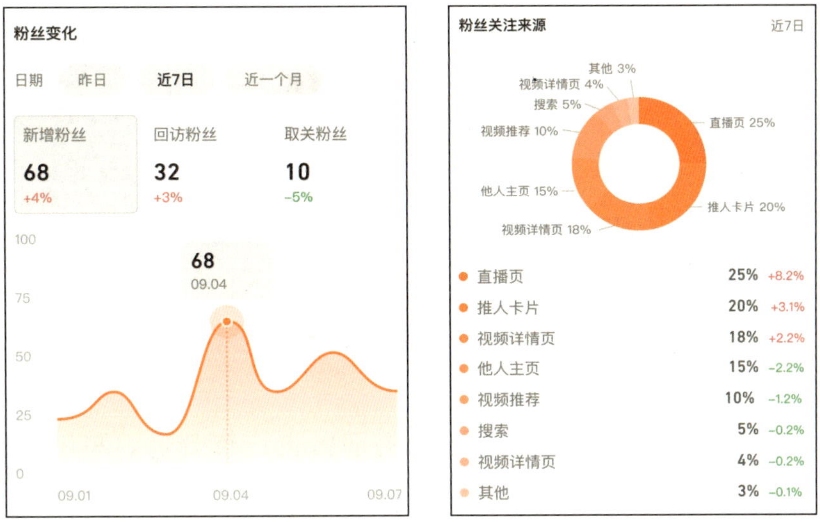

图4-14　粉丝数据

（二）分析数据

对获取的数据进行分析，总结经验、吸取教训。

（1）通过分析短视频的播放量、互动率和吸粉率（粉丝净增），发现短视频的互动率和吸粉率相比同类短视频较高。这说明短视频内容在一定程度上引发了用户共鸣，使用户产生了互动行为，并受到部分用户的喜爱。

（2）通过分析短视频的完播率，发现虽然短视频内容受到部分用户的喜爱，但大多数用户都在视频的前几秒就划走了。这说明短视频内容可能过于平淡，无法持续吸引用户目光，也可能视频时长过长，使用户缺少看完的耐心。可以在短视频中使用反转法增加悬念，或者缩短视频时长，以提高完播率。

（3）通过分析短视频的播放来源和粉丝关注来源，发现大多数用户都是通过朋友转发和推荐发现的短视频，还有多数用户是通过视频详情页观看的短视频，而通过搜索发现短视频的用户较少。这说明短视频的详情描述和封面设计比较优秀，可以吸引用户目光，但标签设置可能不够准确或不够热门，使搜索的用户较少。

项目实训

根据本项目所学知识，将拍摄的美食类短视频发布到合适的短视频平台上并对其进行数据分析。

（1）为短视频设计封面和标题，并为其设置标签。

（2）将短视频发布到平台上。

（3）在短视频平台中获取相关数据，并对数据进行分析、总结。

课后习题

1. 选择题

（1）以下不符合短视频封面设计要求的是（　　）。

A. 画面要清晰　　B. 突出重点

C. 内容要尽可能丰富　　D. 主次分明

（2）以下不符合短视频标签设置注意事项的是（　　）。

A. 标签要准确　　B. 越多越好

C. 热点热词　　D. 找准目标用户

2. 填空题

（1）为短视频设计标题，可以从__________、__________、__________、__________、结合热点和引发共鸣等方面入手。

（2）常见的短视频文案可分为__________、__________、__________和段子类。

（3）一般来说，短视频的核心数据包括__________、__________、__________、吸粉率4类。

学习成果评价

完成所有学习任务之后，请读者按照以下要求完成学习成果评价。

全班同学每5人一组，各组成员结合课前、课中和课后的学习情况和项目实训情况，按照表4-1的评价标准对该项目的学习效果进行自评和互评，并请教师进行总体评价。

表4-1　学习成果评价表

<table>
<tr><th rowspan="2">评价项目</th><th rowspan="2">评价内容</th><th rowspan="2">分值</th><th colspan="3">评价得分</th></tr>
<tr><th>自评</th><th>互评</th><th>师评</th></tr>
<tr><td rowspan="5">知识（40%）</td><td>短视频封面设计方法</td><td>10分</td><td></td><td></td><td></td></tr>
<tr><td>短视频标题与文案设计方法</td><td>10分</td><td></td><td></td><td></td></tr>
<tr><td>短视频标签设置方法</td><td>10分</td><td></td><td></td><td></td></tr>
<tr><td>短视频的推广方法</td><td>5分</td><td></td><td></td><td></td></tr>
<tr><td>短视频的数据分析方法</td><td>5分</td><td></td><td></td><td></td></tr>
<tr><td rowspan="2">技能（40%）</td><td>发布短视频</td><td>20分</td><td></td><td></td><td></td></tr>
<tr><td>分析短视频数据</td><td>20分</td><td></td><td></td><td></td></tr>
<tr><td rowspan="4">素养（20%）</td><td>善于团队合作、与人沟通</td><td>5分</td><td></td><td></td><td></td></tr>
<tr><td>按时、积极参加教学活动</td><td>5分</td><td></td><td></td><td></td></tr>
<tr><td>高质量地完成课前预习、课后复习</td><td>5分</td><td></td><td></td><td></td></tr>
<tr><td>具备良好的学习态度</td><td>5分</td><td></td><td></td><td></td></tr>
<tr><td colspan="2">合　计</td><td>100分</td><td></td><td></td><td></td></tr>
<tr><td>总评</td><td>自评（20%）＋互评（20%）＋师评（60%）＝</td><td>综合等级：</td><td colspan="3">教师（签名）：</td></tr>
</table>

项目五

直播营销前期策划与中期实施

项目导读

俗话说：“兵马未动，粮草先行。”对于营销活动而言，首要工作就是进行营销策划。因此，在直播营销活动开始前，直播运营团队要做好策划与筹备工作。此外，营销的实施环节直接影响着最终的营销效果，所以实施直播营销活动也是直播营销中非常重要的一环。

本项目主要介绍直播营销前期策划与中期实施的相关知识，包括直播营销方案确定、直播间设计、直播团队组建、直播的宣传与引流、直播间选品、直播的开场与收尾设计、直播间商品营销等。

知识目标

- 掌握直播营销活动前期策划的内容。
- 掌握实施直播营销活动的过程。

能力目标

- 能够策划并实施直播营销活动。

素质目标

- 懂得未雨绸缪的道理，做事之前应预先筹备策划。
- 能够多角度地看待问题，拓宽思维。

启发案例

罗某某直播带货大获成功

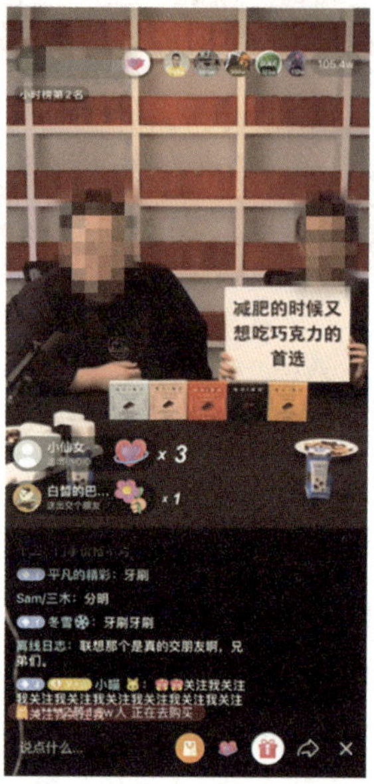

图5-1　罗某某直播带货首秀

2020年4月1日晚上8点，拥有“中国第一代网红”“手机界最会说相声的人”“行业明灯”等一系列头衔的罗某某，如约出现在抖音直播间，开启了他的直播带货首秀，如图5-1所示。这场直播酝酿了半个多月，堪称直播界“春晚”，那么它到底有多大的影响力呢？我们用一组强劲的数据来说明：3个小时的直播共吸引了4 892.2万人次前来观看，销售额达到了1.8亿！在如何吸引消费者的关注上，罗某某是专业的。

3月19日，罗某某在微博上宣布“进军”直播带货界。“那个卖手机的罗某某竟然要去当主播？”这种反差就是罗某某制造的冲突感。消息发布当晚，罗某某就登上了热搜，各大媒体也争相报道，帮他赚足了关注度。

之后，罗某某又在微博上宣布与抖音达成合作，将于4月1日晚上8点在抖音直播间直播带货，如图5-2所示。这个日子本身就充满戏剧性，罗某某的文案也一直在拿“愚人节”做文章，不断加强这种戏剧感、冲突感。

此外，在宣传形式上，这场直播的倒计时海报沿用了罗某某以往的风格，隐去了文案中的关键词（见图5-3），吊足了大家的胃口，留给消费者无限想象。

无论是前期的直播宣传文案，还是直播营销过程中话术的应用，都能看出罗某某对直播带货有着自己的理解。他在遵循常规卖货方式的同时，也在坚持着自己的语言特色。他语言幽默，带有明显的个人特点，如“我们准备上架第一款商品了，大家可以先拿这个练练手”“请大家看在我秃了头的份上原谅我”“听起来折扣并不是很多，但有些品牌就是很硬朗”等，使消费者对他宣传的商品提起了兴趣，有效提高了成交量。

图 5-2　罗某某在微博上宣布直播带货

图 5-3　罗某某直播带货的倒计时海报

（资料来源：https://m.thepaper.cn/baijiahao_20443169，有改动）

任务一　策划直播营销活动

问题导入

直播营销是许多企业经营宣传的重要活动，然而有些企业却因为没有做好前期策划，导致营销活动无法达到预期效果。因此，直播营销的首要工作，就是进行周密的前期策划，制订合适、有效的营销方案。在学习本任务之前，请读者思考以下问题。

（1）如何确定直播营销的方案？

（2）如何设计直播间？

（3）如何组建直播团队？

（4）怎样对直播进行宣传和引流？

必备知识

一、直播营销方案确定

直播营销方案就是对直播营销思路的全面总结，它的目的是让参与直播营销活动的所有人员熟悉营销思路、活动流程及人员分工等。一般情况下，完整的直播营销方案应阐明直播目的、直播简述、人员分工、时间节点和预算控制5个要点，如图5-4所示。

图5-4　直播营销方案的5个要点

1．直播目的

直播营销方案首先需要传达的是直播目的，让参与活动的成员明白通过这场直播需要达到的具体目标，如期望吸引的目标用户数量、需要完成的销售目标或需要提升的商品美誉度等。

例如，“双11”将至，某化妆品公司将于近期举办一场线上直播活动。本次直播活动的目的是宣传公司新推出的护肤品套装，并在“双11”结束时将公司天猫旗舰店的月度销售额提升至5 000万元。

2. 直播简述

直播简述是对直播营销整体思路的简单描述，通常以文字或“图片+文字”的形式进行展示。直播简述通常需要涵盖直播主题、直播平台、直播方式、直播特色等内容。

（1）明确直播主题。一场传播广泛的直播少不了一个令人瞩目的优秀主题。直播主题直接决定了用户是否会进入直播间观看，因此只有选对了直播主题，才能真正“撩动”用户的心。

（2）选择直播平台。直播平台是直播产业链中不可或缺的一部分，它为直播提供了内容输入和输出的渠道。根据平台的主打内容不同，可以将直播平台分为综合类直播平台、游戏类直播平台、电商类直播平台、娱乐类直播平台和教育类直播平台5种类型，如表5-1所示。直播运营团队需要根据直播内容选择合适的直播平台。

表5-1 直播平台的分类

综合类	游戏类	电商类	娱乐类	教育类
一直播	斗鱼直播	淘宝直播	抖音	网易云课堂
YY直播	虎牙直播	京东直播	快手	荔枝微课
花椒直播	战旗直播	天猫直播	美拍	千聊
映客直播	龙珠直播	多多直播	西瓜视频	沪江CCtalk
……	……	……	……	……

提示

需要强调的是，上述分类仅表示平台的主打内容，实际上绝大多数平台并非只有一种定位，往往会形成“既有游戏直播，又有电商直播，还有教育直播”的多维度定位。

（3）确定直播方式。企业的直播营销活动在平台端可以有两种实现方式：一种是自建直播间，通过企业官方自建账号进行直播；另一种是企业本身不注册直播账号，而是入驻其他主播的直播间。企业需要根据直播营销目的选择合适的直播方式。除此之外，直播运营团队还可以探索各种创新的直播方式来引起用户的注意。

（4）突出直播特色。为吸引用户观看直播，可在直播中融入具有特色的内容元素，如游戏、明星、优惠券等，这些都可以丰富用户的观看感受，提高用户对直播间的忠诚度。

例如，策划的直播营销活动以“凤凰古韵”为主题。直播营销活动的地点设在凤凰古城的商业街，由主播向用户介绍凤凰古城的特色旅游景点、手工艺品、当地美食等。为了吸引更多用户观看直播并积极参与直播间互动，除了直播营销过程中所展示的商品均以7折在直播间销售外，还分批次发放价值200万元的线下店铺优惠券。

3. 人员分工

在直播营销方案中，需要按照执行环节对参与人员进行项目分组。每个项目组的负责人姓名、成员姓名、成员职责等需要在直播营销方案中一一列出。

4. 时间节点

设置时间节点是为了确保直播营销活动各个环节的有序推进。时间节点包含两部分：一是直播的整体时间节点，包括直播前期筹备时间、宣传预热时间、直播开始时间、直播结束时间等，便于参与人员对直播营销活动有宏观上的把控；二是项目组的时间节点，直播营销方案需要清晰传达每个项目组的任务结束时间，防止由于某个项目组在某个环节延期而导致整个直播营销活动的延误。

5. 预算控制

策划直播营销活动都会涉及预算，直播营销方案中需说明直播营销活动的预算情况，包括整体预算情况和各环节的预算情况等，各项目组负责人需要根据预算控制本组的费用支出。

二、直播间设计

直播间的设计影响着直播画面的整体呈现效果，同时也影响着用户对直播营销活动的视觉体验。因此，直播间的设计风格一定要与企业文化、商品风格、活动特色、主播人设等相吻合，这样更容易使用户沉浸在直播的氛围中。

（一）直播软硬件的筹备

直播场地的选择与规划

为确保直播营销活动顺利进行，在直播前需要筹备相关的硬件和软件。直播硬件主要由场地、道具和设备3个部分构成；直播软件包括直播平台及相关软件。

1. 直播硬件筹备

（1）确定直播场地。直播营销活动的场地可以分为户外场地和室内场地。常见的户外直播场地有商场、广场、公园、游乐场、景区等，如图5-5所示。常见的室内直播场地有办公室、店铺、住所、咖啡馆等，如图5-6所示。

图5-5 户外直播场地

图5-6 室内直播场地

（2）准备直播道具。直播道具由直播商品、辅助道具和宣传物料3个部分构成。直播商品作为直播营销活动的主角，需要在直播的各个方面均有所展现；辅助道具（如商品玩偶）和宣传物料（如宣传展板、商品海报等）均要围绕直播商品来设计，如图5-7所示。

图5-7 直播中的道具

（3）配置直播设备。直播设备包括手机支架、笔记本电脑、收音设备、补光灯、移动电源、手机等（见图5-8），它们是确保直播画面完整、清晰和流畅的前提。直播运营团队要想做好直播，带给用户良好的观看体验，就要优选直播设备。

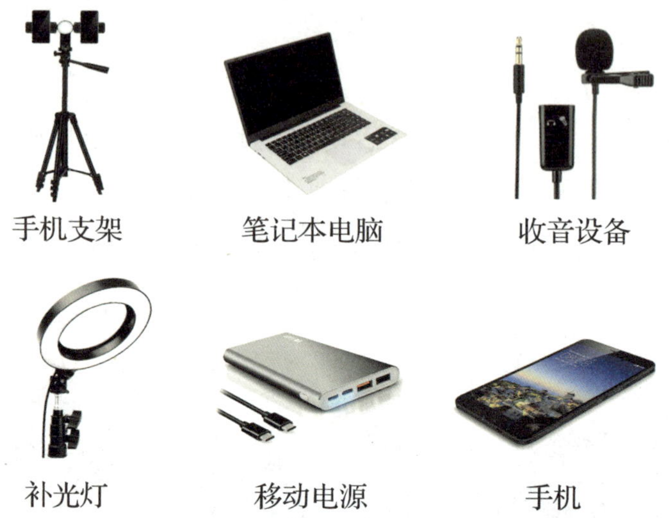

图5-8　直播设备

2．直播软件筹备

（1）设置直播平台。直播运营团队需要根据直播营销目的决定是在直播平台自建直播间还是入驻直播间。如果企业打算将直播纳入其新媒体宣传战略，定期开展直播营销活动，那么最好自建直播间，通过企业官方账号进行直播；如果只计划进行一两次直播，入驻现有的直播间即可。

（2）测试直播软件。如果是自建直播间，在直播开始前，直播运营团队需要对直播软件进行反复测试，确保能熟练运用直播软件。

对直播软件的测试可以分为两部分：一是主办方视角，直播运营团队需要熟悉直播开始按钮、镜头切换方法、声音调整方法等；二是用户视角，直播运营团队需要以个人身份注册账号，进入直播间后进行功能测试，如看画面、听声音、发弹幕等，如果发现问题需要及时优化。

（二）直播间的布置

直播间是主播与用户交流互动的主要场所，舒适、恰当的直播间布置能够突出直播的主题及主播的个性特征，有助于加深用户的印象。

1. 直播间的场景布置

直播间是用户最直接的视觉体验场所。因此，直播间首先要保持干净、整洁，在直播前就将各种商品、道具摆放整齐，营造一个简洁、明亮、舒适的直播环境。虽然直播间的场景搭建并没有统一的硬性标准，但是对于以商品营销为目的的电商直播来说，最好用所销售的商品来装饰直播间。例如，可以用摆满商品的货架作为直播间背景，如图5-9所示。

如果直播场地较大，为了避免直播间看起来过于空旷，可以适当摆放一些符合直播主题或主播人设的宣传展板、商品海报、商品玩偶等直播道具，起到丰富直播背景、增强直播氛围的作用，如图5-10所示。

图5-9 用营销商品作为直播间背景

图5-10 用宣传展板作为直播间背景

2. 直播间的灯光布置

一个好的直播间除了要有合理的布局，还要对灯光有一定的要求。合理的灯光布置不仅可以展现商品的亮点，塑造直播画面风格，烘托直播间氛围，还能起到为主播美颜的作用，有效提升主播的整体形象。

三、直播团队组建

在直播生态产业日益发达的今天，做直播仅靠单枪匹马已经很难突出重围。

无论是个人还是企业，要想真正做好直播营销，组建一个高效的直播团队是非常必要的。

（一）直播团队的组织架构

当前直播行业风头正盛，越来越多的领域加入了直播元素。无论是有志于做直播的个人还是企业，都在不断推动直播行业向更专业、更规范的方向发展。

1. 个人直播团队

个人直播是电商直播发展的源头，可以说在没有企业直播之前，电商直播的发展都是由个人直播带动起来的。作为整个电商直播组织架构中的一环，个人直播团队是不可或缺的重要部分。

一场好的直播不是仅靠主播一个人就能完成的，而是需要依靠直播团队成员之间的默契配合。直播营销过程中人员的协调配合及主播的良好演绎综合起来才能让直播营销活动达到完美的效果。一般情况下，个人直播团队由策划团队、主播团队和运营团队组成。

（1）策划团队。策划团队的主要工作是策划直播内容，并根据直播主题确定直播商品，做好直播前的预热宣传，规划好开播时间段，还要针对不同的用户群体制订不同的福利方案。

策划团队包括编导和场控，其主要职责如下。

① 编导：负责确定直播主题，撰写直播营销方案，设计福利方案等。

② 场控：负责直播中控台的所有后台操作，包括协调商品上架、下架，活动报名，红包发放，根据直播间要求更改商品价格，以及控制直播间节奏等。

（2）主播团队。主播团队是直播营销活动的最终执行方，其主要工作包括商品展示、商品讲解、与用户互动。此外，直播结束后主播团队还需要对直播进行复盘与反馈，以达到优化和提升直播效果的目的。主播团队一般包括主播、副播和直播助理，其主要职责如下。

① 主播：负责日常直播，熟悉直播间商品信息，展示并讲解商品，与用户互动，介绍直播间活动，强化品牌形象等。

② 副播：协助并配合主播直播，介绍直播间促销活动，补充商品卖点，引导用户关注，防止冷场等。

③ 直播助理：负责配合直播间现场工作，如商品摆放、道具准备、灯光调

试等，有时也承担副播的部分工作。

(3) 运营团队。运营团队负责整个直播营销活动的正常运营，一般包括商品运营和活动运营，其主要职责如下。

① 商品运营：负责提供商品，挖掘商品卖点，培训相关的商品知识等。

② 活动运营：负责策划活动文案，执行活动计划，协调人员，复盘、分析数据等。

2. 企业直播团队

站在直播的“风口”，一些对互联网、新媒体运营比较熟悉的企业纷纷开始组建自己的直播团队。企业直播团队一般由策划团队、主播团队、运营团队、客服及售后组成。企业直播团队的分工与个人直播团队的分工基本相同，但通常会更加庞大和专业，具有更强大的售后服务。

（二）主播人设的打造策略

主播人设即主播的人物设定，是主播在用户面前所展示的形象，包括外在形象和内在个性等。主播在直播营销过程中会展现自己独特的风格，而人设鲜明的主播往往更容易脱颖而出，用户会更相信这些主播的话并愿意购买其推荐的商品。

1. 培养主播的基本能力

在直播营销过程中，主播是企业与用户联系的重要桥梁。因此，培养主播的基本能力对开展直播营销活动至关重要。通常来说，主播的基本能力包括形象管理能力、语言表达能力、良好的心理素质和灵活应变能力。

2. 明确主播的人设定位

要想明确主播的人设定位可以从5个维度入手，如表5-2所示。

表5-2 主播人设定位的5个维度

主播人设定位的维度	说 明
我是谁	确定身份，如创始人、发起人、传播者等；确定形象，使形象统一，提高辨识度
面向谁	目标用户分析，如用户地域、性别、年龄、消费偏好、收入情况、消费能力等

表 5-2（续）

主播人设定位的维度	说 明
提供什么	突出自己的核心竞争力，如语言风格幽默风趣或推荐的商品物美价廉
在什么地方	如果是电商类，可以选择淘宝、京东等作为直播平台，并选择实体店或供应链基地作为直播场地，提高主播专业度、可信度
解决什么问题	尽量解决用户的痛点需求

例如，某潮流服饰销售员想在直播平台销售商品，可以根据以上5个维度来定位主播人设。

（1）我是谁：我是一名服饰销售员，销售经验丰富，热情好客，外在形象良好，平时喜欢自己搭配服饰。

（2）面向谁：面向追求时尚潮流的年轻女性群体。

（3）提供什么：提供服饰店内各种畅销的、价格适中的服装和饰品，同时传授一些服饰搭配的小技巧。

（4）在什么地方：选择服饰店作为直播场地，淘宝作为直播平台，推荐的商品在相应的淘宝店铺上架销售。

（5）解决什么问题：满足年轻女性群体对美观服饰和穿搭的需求。

综上所述，该销售员可以围绕年轻女性群体对服饰的核心诉求，塑造一个热情、擅长让自己变美的主播人设，为用户推荐适合她们的服饰搭配，以销售店内商品。

四、直播的宣传与引流

直播实施前的宣传与引流是直播营销中活动不可缺少的重要环节。常用的宣传与引流方法包括硬广引流、软文引流、视频引流、问答引流、线下引流等。

1．硬广引流

硬广就是硬性广告，硬广引流就是直播运营团队通过官方媒体平台直接进行直播宣传推广，如图5-11和图5-12所示。常见的官方媒体平台包括官方网站、认证微博、微信公众号、直播平台账号等。用户通过访问这些官方媒体平台可以直观地获取直播主题、直播时间、直播平台、直播商品、参与嘉宾、抽奖活动等直播信息。

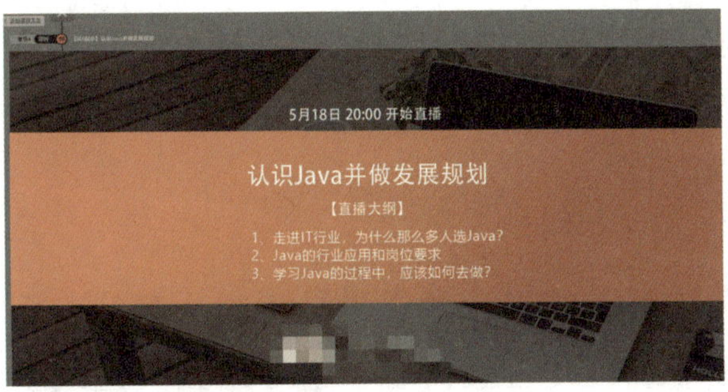

图 5-11 网易云课堂官方网站发布的直播预告

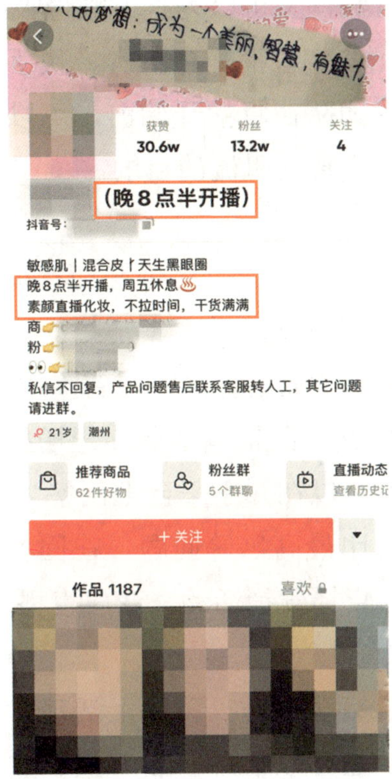

图 5-12 抖音平台个人简介中的直播预告

2. 软文引流

软文与正常的网络文章相差无几，在标题、开头、正文等部分几乎看不出任何广告的迹象，只有在阅读到结尾部分时，才会出现直播宣传信息。与硬广相比，软文的广告更容易被用户接受。

软文引流需要注意两个细节：一是相关性，软文内容要与直播主题有较强的相关性，并且需要投放到目标用户活跃的平台，否则推广效果就会大打折扣；二是目的性，需要在文末提供多种进入直播间的渠道或链接，方便感兴趣的用户能立即进入。

3. 视频引流

视频比文章更容易理解和接受，降低了用户的认知门槛，所以越来越多的企业开始利用视频进行直播宣传推广。常见的视频引流方式有常规视频植入预告、纯直播预告、添加利益点、发布直播片段视频等。企业可以在同一直播平台的官方账号上发布视频预告，并提供直播间的入口。这样既可以为直播营销活动引流，又可以为官方账号吸引大量粉丝。

此外，直播平台抖音、快手等还提供了“推送”“提醒”“发布”功能，直播运营团队在直播开始前，可以通过免费或付费的方式将直播消息推送给粉丝，以达到为直播引流的目的。

4. 问答引流

一些知名的问答论坛拥有庞大的用户基数和超高的用户访问量，是宣传与引流不可忽视的重要渠道。企业可以在这些平台上注册官方账号，友好地回答用户提出的问题，同时在答案中留下商品或直播的信息。

例如，企业即将举办一场推广新款笔记本电脑的直播营销活动，在直播开始前就可以在知乎平台上回答“哪款笔记本电脑的性能比较好”“哪款笔记本电脑性价比最高”等问题，在回答问题的同时对直播营销活动进行宣传，引导用户关注直播营销活动，变成直播间的目标用户。

5. 线下引流

虽然直播是一种线上活动，但是传统渠道的引流效果也是不容小觑的。例如，企业可以借助门店海报、宣传单等形式宣传直播内容，引导路人关注线上的直播活动。

任务实施

本任务实施结合直播营销方案要点、直播间设计、直播团队组建及直播的宣传与引流方法等知识，对新媒体系列图书销售直播营销活动进行前期策划。

步骤1 撰写并完善新媒体系列图书销售直播营销活动的营销方案。

（1）直播目的：通过本次图书销售直播营销活动，在直播结束后的一周内，将本公司新媒体系列图书的销售额提高20%，并将企业抖音官方账号的关注人数增加10%。

（2）直播简述：本次直播营销活动以“新媒体·新传播·新运营”为主题，向用户展示与讲解新推出的新媒体系列图书。本次直播活动在抖音平台上进行。为吸引更多用户前来观看，直播过程中会设置抽奖环节。

（3）人员分工：本次直播营销活动的参与人员由编导、主播、场控、助理和客服组成。其中，编导负责确定直播主题，撰写直播营销方案；主播负责展示与讲解图书，并与直播间用户互动；场控负责直播中控台的所有操作，如图书上架、下架等；助理负责协助并配合主播直播，如展示商品等；客服负责直播间的互动答疑，帮助解决商品的售后、发货等问题。

（4）时间节点：在开启直播的前4天需要完成直播的前期策划与宣传工作；正式直播时间为9月30日晚上7点半到9点；直播结束当天晚上需要进行数据复盘，总结经验和教训；直播结束后的3天内，在各大媒体平台上对直播内容进行二次传播。

（5）预算控制：本次图书销售直播营销活动的预算分为4个部分。

① 购买专业的直播硬件：手机支架、补光灯、收音设备等（预算200元）。

② 准备直播间道具：宣传海报等（预算100元）。

③ 付费宣传：根据实际直播情况，考虑是否需要为直播间进行付费宣传（预算150元）。

④ 直播福利：在直播过程中为粉丝发放的福利（预算100元）。

步骤2 筹备本次图书销售直播营销活动所需的软硬件，如表5-3所示。

表5-3 软硬件筹备说明

筹备工作	说 明
直播场地	干净、明亮的办公室
直播道具	直播商品：新媒体系列图书；宣传物料：新媒体系列图书宣传海报
直播设备	手机、补光灯、耳机、插线板、手机支架、笔记本电脑等
直播软件	在抖音App上登录官方账号并创建直播间，测试直播相关的功能，确保能够熟练操作

步骤3 布置直播间。选择摆放图书的书架作为直播间背景，如图5-13所示。在正式开启直播前，需要将直播间的商品、道具等摆放整齐，调整灯光，营造一个明亮、舒适的直播环境。

步骤4 组建图书销售直播团队。图书销售直播团队由5人组成，包括主播

1人，编导1人，场控1人，助理1人，客服1人。本次图书销售直播营销活动的核心岗位是主播，其他团队成员需要围绕主播开展工作。需要注意的是，主播应对所推荐的新媒体系列图书非常了解。

步骤5 在图书销售直播活动开始前，对本次活动进行宣传与引流。按照直播营销方案要点，可以在直播活动开始前4天，在微信公众号上发布直播预告，如图5-14所示。此外，还可以通过抖音App的“分享”功能，将直播间地址分享到不同的媒体平台，为直播活动引流。

图5-13　直播间背景

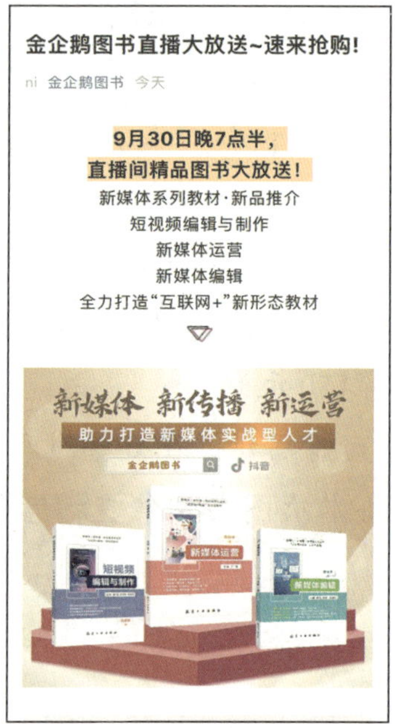

图5-14　在微信公众号上发布直播预告

任务二　实施直播营销活动

问题导入

对于直播营销而言，在做好前期策划的准备工作后，就需要将“获取感知、提升兴趣、促成接受”的营销目的通过恰当的营销策略和方法友好地植入实施环节。在学习本任务之前，请读者思考以下问题。

（1）如何选择直播间售卖的商品？

（2）实施直播营销活动应掌握哪些话术？

（3）如何进行直播间商品营销？

必备知识

一、直播间选品

对于直播营销来说，直播间卖出的商品是非常重要的，如果直播间选品没有做好，将影响整个直播营销活动的效果。

（一）选品的原则

1. 高性价比

对于广大消费者来说，高性价比的商品永远是受欢迎的。无论在哪个平台，高性价比的商品都更容易让用户接受，这时主播只要经营好售后服务，就能够提升用户对主播的信任感，从而达到营销目的。

2. 高匹配度

各直播间都拥有各自独特的标签，具有主打的营销方向，有的主播还有深入人心的人设。这时，直播运营团队应尽量选择与本直播间匹配度较高的商品来提升营销效果。例如，形象气质良好，穿搭前卫新潮的主播售卖潮牌服饰更容易让用户接受。

3. 独特性高

独特性高的商品会更加具有卖点。直播运营团队可以有针对性地选择较为独特的商品，然后突出营销其差异性特点，以吸引更多用户。

4. 需求及时

在一些节假日时期，用户会需要一些具有时效性或主题性的商品。例如，在七夕节准备具有浪漫属性的商品，在中秋节准备月饼及其他具有团圆属性的商品等。

5. 便于展示

在选择商品时，直播运营团队应注重商品的外观等特性，选择特性更易于可视化的商品，以便在直播营销过程中放大其优点，从而达到营销目的。

（二）选品的途径

货源渠道分为线上渠道和线下渠道，需要直播运营团队根据实际情况进行选择。

1. 线上渠道

通过线上渠道选品没有囤货的压力，发货过程省时省力，方便快捷。但是，这样的货源渠道会导致无法控制商品质量。目前较为常用的线上货源渠道有抖音精选联盟、1688采购批发网站等。

2. 线下渠道

线下渠道比较适合具有一定资金基础的直播运营团队和企业，便于自主把控商品质量，但囤货压力较大，还会增加人力管理成本。目前较为常用的线下货源渠道有批发市场、厂家进货、品牌库存进货等。

二、直播的开场与收尾设计

（一）直播的开场

在完成所有准备工作后，主播在约定时间进入直播间，直播活动就正式开始了。常见的直播活动开场方式有5种，分别是直白介绍、提出问题、抛出数据、故事开场、道具开场。

1. 直白介绍

主播可以在直播开场时直接告诉用户直播的相关信息，如主播的自我介绍、主办公司简介、直播话题、直播大约时长、本次直播流程等。此外，为吸引用户长时间驻留在直播间，可以在开场时提前介绍一些具有吸引力的环节，如抽奖等。例如，在直播开场时，主播可以如此开场。

大家好，我是××，欢迎大家来到××直播间！今天我为大家带来了×款商品，这些超高品质的商品都是超低价“秒杀”，机会难得，大家一定不要错过哦！今晚直播间还会不定期发放各种福利，我会随机截屏5次，每屏的第一位朋友将获得现金大礼。大家记得点击左上角按钮关注直播间哦！

2. 提出问题

在演讲中，开场提问是提升用户参与感的最佳方式之一，这种形式在直播活动的开场中同样十分有效。一方面，开场提问可以引导用户思考与直播相关的问题；另一方面，还可以让主播更快地了解用户的基本情况，如用户所处地区、兴趣爱好、对本次直播的期望等。例如，在某场美妆类直播活动中，主播可以如此开场。

大家好，欢迎来到××直播间！不知道大家平时在化妆时有没有这样的疑问：为什么别人的粉底那么服帖，而你的总是卡粉；为什么别人化的眼妆显得眼睛很大，而你的却像是眼睛肿了；为什么别人的妆容可以保持一整天，而你的妆不到半天就花了……如果你有这些困惑，不妨在弹幕里发一个“1”告诉我。有其他问题也可以直接发弹幕，咱们一起来讨论一下。

3. 抛出数据

数据往往是最有说服力的“武器”。主播可以将本次直播内容的关键数据提前提炼出来，在开场时直接展示给用户。特别是专业性较强的直播活动，可以充分利用数据开场，第一时间获得用户的认可。例如，某场关于网络婚博会的直播活动，主播可以如此开场。

欢迎大家准时来到我的直播间！今天在网络婚博会现场，我们为您准备了一个惊喜，只要999元就可以秒杀价值3 999元的套餐，并享受我们优质的服务。套餐中包含一本价值988元的相册，一个价值755元的相框，两个价值188元的摆台，10张价值188元的精修入册底片，以及3套免费使用的拍照服饰。这是一个多么难得的优惠套餐呀，真的是太划算了。如果想知道如何购买秒杀套餐，那您一定不要错过本次直播哦。

需要注意的是，在直播开场时抛出数据，需要确保数据的真实性和可靠性，一旦主播抛出的数据有误，会引起用户对直播真实性的质疑，给直播活动带来极大的负面影响。

4．故事开场

讲故事是用户最容易接受的开场方式之一。与枯燥的介绍和分析相比，故事更容易让不同年龄段、不同教育背景的用户产生兴趣和共鸣。通过一个开场故事，可以更好地引领用户进入直播活动所营造的场景中。

拓展阅读

2020年5月22日晚，万科创始人王某在抖音、今日头条开启了直播首秀，讲述了他两次攀登珠穆朗玛峰的生死故事，并在直播中连线正在珠穆朗玛峰海拔6 500米处的登山队员，吸引了大量用户前来观看，如图5-15所示。

直播开场时，王某回忆说：“我第一次登顶珠穆朗玛峰是在2003年。2010年，我第二次登顶珠峰后，下山经过8 100米高度时，双眼因缺氧短暂失明。医生要求我吸氧4个小时后，无论是否看见，都要继续下山。那4个小时，是我多年攀登珠峰经历中印象最深的向死而生的时刻。”

图5-15　王某直播讲述登山故事

5. 道具开场

直播时，主播还可以借助道具来辅助开场。开场道具可以是直播商品、宠物、玩具、吉祥物玩偶、热门卡通人物、旗帜与标语等。实际直播时，需要根据直播内容选择合适的开场道具，如知识分享类直播可以将书籍作为开场道具，户外运动类直播可以将足球、篮球等体育用品作为开场道具，美妆类直播可以将美妆商品作为开场道具等。例如，某场户外旅行直播，主播可以如此开场。

> 大家下午好！我现在正在××动物园为大家带来这场直播。今天，主要给大家介绍的是“国宝”大熊猫场馆，大家看我手中的这个大熊猫玩偶，是不是很可爱……我们现在来到了大熊猫馆，大家看有一只大熊猫正在爬树。来，我们把摄像头对着它，大家看刚才的玩偶是不是和它一模一样？

（二）直播的收尾

常规的直播展示主播的才华、日常生活、幽默风格等即可，对直播收尾的设计没有特定要求。而直播带货则需要以结果为导向，通过直播达到营销目的。因此，直播的收尾工作对直播带货的营销转化起着非常大的作用。

直播带货结束后，需要解决的最核心的问题就是流量问题——无论现场用户是十万人还是百万人，一旦直播收尾，用户就会马上散去，流量随之清空。因此，为充分利用直播间的流量，直播收尾时可以将它引向销售平台、自媒体平台和粉丝平台3个方向，如图5-16所示。

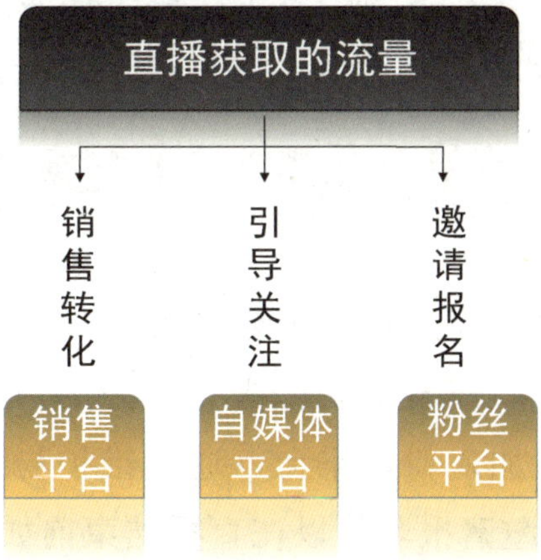

图5-16 直播收尾工作的核心思路

1. 销售转化

销售转化就是将直播间的用户引导至销售平台，促进购买与转化。一般情况下，留在直播间直到直播收尾的用户，都是对直播推荐的商品比较感兴趣的。对于这部分用户，主播可以充当售前顾问的角色，在直播结束前引导用户去购买商品。例如，主播为促进销售转化可以在直播结束前如此收尾。

> 谢谢大家的支持和喜欢，我们今天的直播就到这里啦！直播结束后，大家可以联系我们的在线客服，告诉他一段暗语，就可以以7折的价格买到我们已经下架的爆款保温杯，只剩下一小部分库存了。这段暗语是"××××××××"，大家千万记得要输对哦！

需要注意的是，销售转化要有利他性，能够帮助用户省钱或帮助用户抢到供不应求的商品，否则在直播收尾时植入生硬的广告会起到相反的效果。

2. 引导关注

引导关注就是引导用户关注主播或企业的自媒体平台账号，如微信公众号、微博账号、抖音账号、今日头条账号等。在直播收尾时，主播可将上述账号的名称及关注方式告诉用户，以便直播结束后继续向他们推送营销信息。例如，主播为引导关注可以在直播结束前如此收尾。

> 谢谢大家的支持，我们今天的新品就到这里喽！喜欢我们的小伙伴可以关注我们的微信公众号×××，我们每天的直播预告、商品的打折信息都会通过这个微信公众号发出来。对了，新关注的小伙伴回复"惊喜"两个字，还可以获得一张50元的代金券。不要忘记告诉你的家人朋友们！再次感谢大家！

3. 邀请报名

邀请报名就是把用户聚集到粉丝平台，如粉丝论坛、微信粉丝群、淘宝粉丝福利群等。一般情况下，在直播间积极互动的用户更容易参与后续直播，在直播收尾时邀请这类用户加入粉丝平台，通过维护与运营将直播间用户转化成忠实粉丝。例如，主播为邀请报名可以在直播结束前如此收尾。

今天的直播就到这里啦！如果大家喜欢我们的商品，也喜欢和我们的小团队一起玩，那么就立即添加我们的微信群小助手×××吧，他会拉你进入我们的粉丝福利群。我们会不定时地在群里发一些商品的优惠信息，还会有红包和抽奖哦，奖品丰厚。大家一起来玩吧！

拓展阅读

直播收尾时，为充分利用直播间的流量，主播还可以对下次直播活动进行预告，预告内容一般是直播时间、商品、福利等。例如，收尾话术可以是"今天的直播就要结束了，明天晚上8点半，同样的时间我们不见不散。""明晚直播间会有大家投票最高的××商品，大家一定不要错过啊！""这次直播就到这里，下次直播会为大家安排一大波福利，大家一定要记得准时观看哦！"等。

三、直播间商品营销

怎样调动直播间人气

直播营销的最终目的是把商品销售出去，所以主播在直播时要重点进行商品营销，积极与用户互动，深入了解目标用户的内心感受，挖掘用户真正的需求，最终促成订单转化。

"四步营销法"是直播营销中常用的一种方法，包括需求引导、引入商品、赢得信任和促成下单4个步骤，如图5-17所示。

图5-17　四步营销法

1. 需求引导

需求引导主要是通过挖掘用户需求为接下来的引入商品做准备。主播需要围绕商品特点，结合消费场景找出用户购买该商品后能解决的核心问题。同时，还可以以亲身经历或身边朋友的经历为例进行叙述，拉近与用户的距离。

需求引导的做法可以分为两类：一类是指出"痛点"，即结合消费场景提出用户深受困扰、迫切需要解决的问题，并将这些问题的隐患放大，但是切记不要造成“恐吓营销”；另一类是强调“利益点”，即主播要强调用户在拥有商品后会获得什么，如皮肤更滋润紧致、身体更健康、头发更柔顺等。

拓展阅读

恐吓营销是指向目标用户故意夸大或编造某种现存的或潜在的威胁、危害，来推销自己或打压对手，以达到营销目的的一种营销方式。

例如，主播在推荐某款防晒霜时，首先提出普遍问题，以引起直播间用户的共鸣，可以这样说：“今天又是一个暴晒天啊，就羡慕那些皮肤晒不黑的人，我的皮肤就是一晒就黑，虽然很喜欢夏天，但是夏天的暴晒却让我非常痛苦。”

然后把不做好防晒工作的危害适当放大，可以这样说：“现在才刚入初夏，到秋天还有好几个月的时间呢，不好好做防晒的话，到时候不知道要黑几个度。而且过强的紫外线会加速人体衰老，造成皮肤敏感，大家平时一定要注意防护。”

2. 引入商品

通过需求引导提前规划好商品的使用场景后，主播就可以针对所提出的问题，自然而然引入商品了。主播可以围绕商品的卖点、使用体验等进行描述，让用户通过各个感官感受商品的特色，从而激发用户的购买欲望。

主播在引入商品时，需要注意以下两点。

（1）卖体验，而非卖功能。如果主播将讲解的重点放在商品功能上，将很难引起用户的兴趣。因此，主播在介绍商品时，可以更多地描绘商品的使用场景及体验，激发用户的感性思维，促使其产生购物欲望。

例如，某主播对于口红的描述，并不局限于口红本身，还使用“你的嘴唇上有星空”“涂上这支口红，你就是花仙子”“少女感满满”等语言描述口红带来的体验感。对比单纯地对口红质地、颜色进行描述，同时描述使用场景和体验能给用户带来更多想象的空间。

（2）对比营销，坚定购买信心。主播在介绍商品时可以用竞品的劣势来衬托自家商品的优势，同时呈现出使用商品的幸福体验，增加商品在用户心中的好感度，坚定其购买信心。需要注意的是，在使用这种方式介绍商品时，应如实表达商品的优势，不能为了达到营销目的而夸大、编造商品的优势，也不能为此抹黑竞品。

例如，主播在介绍某卫浴品牌的花洒时，使用普通话术与对比营销话术的区别如表5-4所示。

表5-4 普通话术与对比营销话术

普通话术	对比营销话术
这是一种头顶式花洒，采用不锈钢材质，做工精良，采用了钢球阀芯，有节水功能，并配以调节热水的控制器，让热水可以快速流出	这种花洒不会像其他品牌花洒那样喷出强劲的水柱（竞品的劣势），它的水流偏温和、细腻，对皮肤比较好，特别适合有老人和小孩的家庭（自家商品的优势）。此外，这种花洒的设计非常合理，能比普通花洒节约50%的水量（自家商品的优势），让你在享受的同时还不浪费水，何乐而不为呢（幸福体验）！

3. 赢得信任

赢得用户信任也是直播营销的关键，常用的方式有权威背书、数据证明和现场体验3种。

（1）权威背书。权威背书是指权威人物或机构基于其知名度、美誉度、权威性而对商品做出的一种赞誉和支持行为。如果能够让权威人物或机构来为商品背书，可以极大地提升商品的可信度，增加商品在用户心中的好感度。主播可以从多方面介绍权威内容，如权威投资人、名人代言、名人同款、高科技行业应用、专家推荐、权威媒体报道等。

不过，主播要使用用户普遍可以理解的语言来介绍商品的权威背书内容，否则可能对商品讲解信息的传播和理解造成影响。例如，主播在介绍某品牌珠宝首饰时，可能会说：“这款珠宝获得了JMA国际珠宝设计大赛的优异奖。”但是普通用户并不了解JMA是什么，所以这种话术不能帮助用户理解这款珠宝的特点和定位。介绍语可以改为“世界500强公司的女高管也在戴这个品牌的珠宝首饰。”这样既能方便用户理解，又提升了商品的高度。

（2）数据证明。主播在描述商品的优势及受欢迎程度时，可以用数据说话，通过具体的销量、顾客评分、好评率、回购率等数据来证明商品描述的可靠性。

例如，在介绍某款零食时，主播如果说："这款零食是'爆款'，特别好吃，卖得非常好，大家一定要去买！"这种说法空口无凭，很难令用户信服。如果加入数据作为支撑后，就变为"我手边的这款零食，已经累计销售30万份了，顾客评分4.9分，32%的顾客都会回购，好评率高达99%，我们直播间的工作人员都喜欢吃……"显然，后者对用户更有说服力。

（3）现场体验。对于能够试用的商品，主播一定要在直播间现场试用来验证商品的特点和功能，让用户能够直观地看到效果。这样对用户来说更有说服力，有助于获取用户的信任。例如，主播在直播间推荐面膜时，可以与直播助理配合，边试用边讲解，还可以用类似"我一直在用的商品""我已经用了10盒了，出差也天天带着"这样的话术，证明商品的实用性。甚至主播也可以参与到直播活动中，与用户一起在直播间抢购。

4．促成下单

经过以上3个步骤的铺垫后，主播就可以开始讲解优惠信息、强调独家稀有资源等，促使用户产生购买行为。

（1）打造价格优势。主播可以展示商品的官方旗舰店价格或市场价，并与直播间价格进行对比，打造价格优势，让用户感觉物超所值，同时使用"我们的直播间价格比免税店还便宜""今晚抢完，以后都没有这么优惠了""不用想，直接拍，只有我们这里有这样的价格，以后只会越来越贵"等话术突出商品价格优势。例如，主播在销售一款防晒霜时，可以这样来展现价格优势。

> 这款防晒霜在天猫旗舰店的价格是79元一瓶（旗舰店价格），今天在我们直播间下单的用户，可以享受买两瓶立减79元的优惠，相当于第一瓶79元，第二瓶不要钱（直播间价格优势）。前1 000名下单的用户我们再送您价值79元的雪花喷雾（超值福利，买到就是赚到）。

（2）限时限量。很多用户在下单时可能会犹豫不决，那么这时候就需要主播通过催单话术来刺激用户尽快下单。催单话术的关键就是营造"时间紧迫，再不买就没了"的抢购氛围，让用户产生紧迫感，然后快速下单。

此外，主播还可以在一些限时、限量、价格优惠的商品卖空后，在直播间直呼"没了？秒没？怎么可能！不能加吗？可以再沟通一下吗？"，紧接着再进行补货。通过这种方式不仅可以控制直播间的销售节奏，还可以给用户营造出一种紧张、刺激的抢购氛围，激发用户的购买欲望。

任务实施

本任务实施结合直播间选品、直播的开场与收尾设计、直播间商品营销等知识，设计新媒体系列图书销售直播营销活动的营销话术，了解实施直播营销活动相关知识在实际中的应用。

步骤1 设计直播活动的开场。需要注意的是，开场话术不仅要直白、清楚地介绍本次直播的内容，还要介绍具有吸引力的直播福利，如表5-5所示。

表5-5 直播开场话术设计

项 目	主播话术
主播自我介绍	Hello，大家好！我是主播小智，欢迎大家来到“金企鹅图书”直播间（主播、助理鼓掌）
直播内容介绍	一本好书，可以带领我们探寻知识的海洋，帮助我们增长知识和技能，使我们紧跟时代潮流，即使身处快速发展的当今社会依然可以立于不败之地。今天直播的主题是“新媒体·新传播·新运营”，我为大家推荐的是我们最新推出的新媒体系列图书（主播展示整套图书）。这套图书中的每一本都是精品，而且今天在直播间都是超低价“秒杀”，机会难得，大家一定不要错过哦
直播福利介绍	在直播过程中，我们会在弹幕中随机抽取幸运用户，送出精美的礼品（主播或助理展示奖品）。喜欢我们的朋友记得点击左上角的按钮关注直播间，如果把直播间分享给3位小伙伴，您还会获得一张20元无门槛的优惠券哟（助理演示操作方法）！大家快去把亲友都叫到直播间来碰碰运气吧

步骤2 推荐新媒体系列图书。根据所推荐图书的特点设计营销话术。利用“四步营销法”设计营销话术，如表5-6所示。

表5-6　直播商品营销话术设计

<table>
<tr><th colspan="2">项　目</th><th>主播话术</th></tr>
<tr><td rowspan="5">新媒体系列图书介绍</td><td>需求引导</td><td>如今，新媒体算是一个比较火爆的行业，这个行业不仅提供了大量的岗位，薪资也非常乐观。大家有没有从事新媒体这个行业的或未来想从事这个行业的？有的话可以在弹幕里敲“1”告诉我</td></tr>
<tr><td>引入商品</td><td>今天，我给大家推荐一套我们新推出的新媒体系列图书，这套图书共有3本，分别是《新媒体运营》《新媒体编辑》《短视频编辑与制作》。（主播或助理对图书进行展示）
这套图书覆盖了新媒体岗位的多个方面，除了对理论知识有详细的讲解外，还安排了紧贴岗位的实训环节。大家在学完知识点后，通过实训环节就能将知识落到实处，对大家解决工作中遇到的问题非常有帮助。书中还有“案例分析”“拓展知识”等模块，可以帮助大家拓宽知识面，成为工作中的“多面手”，升职加薪指日可待。此外，这套图书还紧跟时代潮流，配备了丰富的微课资源来辅助大家学习。大家可以借助手机或移动设备扫描二维码，来获取相关知识的微课视频（主播或助理演示扫描二维码获取微课视频的操作过程）</td></tr>
<tr><td>赢得信任</td><td>截至今天，我们这套新媒体系列图书在线下已经卖出5 000多套了，读者反馈都非常好，据说一些读者还是朋友介绍过来买的</td></tr>
<tr><td>促成下单</td><td>今天在直播间里，整套图书均以7折的优惠价售卖，分享直播间获得优惠券的用户还可以在7折优惠的基础上再减20元。还等什么，赶快抢购吧</td></tr>
<tr><td colspan="2">（接下来主播对新媒体系列图书进行逐本介绍，此处不再一一列举，读者可自行分析）</td></tr>
</table>

步骤3 设计直播活动的收尾。可以采用销售转化和引导关注两种方式设计话术，如表5-7所示。

表 5-7 直播收尾话术设计

项 目	主播话术
销售转化	感谢大家在百忙之中抽出宝贵的时间来观看我们的直播，经过我的介绍，希望大家可以对我们的新媒体系列图书有更深的认识。对这套图书感兴趣的朋友们，赶快点击屏幕下方的链接购买，另外还可以通过我们的官方App“文旌课堂”购买，注意“旌”是旌旗的“旌”哦，不要输错了。新注册的用户还可以享受额外福利哟！ 就在刚刚，我们的新媒体系列图书已经卖出去300多套了，喜欢这套图书的朋友们赶快去下单！数量有限，不用想，直接拍，错过就享受不到这么优惠的价格了
引导关注	大家还可以关注我们的微信公众号“金企鹅图书”，下次网店或直播有福利时，我们会第一时间通知您！再次感谢大家，希望大家下次也能来观看我们的直播，祝大家生活愉快，再见

项目实训

根据本项目所学知识，按照如下要求策划并实施一场校园文具义卖直播营销活动。

（1）撰写并完善校园文具义卖直播营销活动的营销方案，包括直播目的、直播简述、人员分工、时间节点及预算控制。

（2）完成直播间设计及直播团队组建。

（3）使用线下引流的方式对直播活动进行宣传。

（4）设计直播营销活动的营销话术。

课后习题

1. 选择题

（1）以下选项中，不属于直播营销前期策划工作的是（　　）。

A. 撰写并完善直播营销方案

B. 筹备直播过程中所需的软硬件

C. 组建高效的直播团队

D. 对直播内容进行二次传播

（2）直播营销方案首先需要传达的是（　　）。

A. 直播简述　　B. 直播目的

C. 时间节点　　D. 预算控制

（3）以下选项中，不属于直播营销方案要点的是（　　）。

A. 直播目的　　B. 直播复盘

C. 人员分工　　D. 时间节点

（4）以下关于直播活动开场方式的说法中，错误的是（　　）。

A. 开场提问可以提升用户的参与感

B. 用故事开场是用户最容易接受的开场方式之一

C. 在直播开场时抛出的数据可以不必考虑其真实性

D. 借助热点话题进行直播开场可以拉近主播与用户之间的距离

（5）以下关于“四步营销法”的做法中，错误的是（　　）。

A. 尽量使用专业的词汇来介绍商品的权威背书内容

B. 需求引导主要是通过挖掘用户需求为接下来的引入商品做准备

C. 主播在介绍商品时可以虚构竞品的劣势来凸显自家商品的优势

D. 打造直播间的价格优势可以降低用户购买的心理防线

2. 填空题

（1）一般情况下，完整的直播营销方案应阐述直播目的、直播简述、____________、____________、____________ 5个要点。

（2）在直播营销过程中，____________是企业与用户联系的重要桥梁。

（3）主播的基本能力包括____________、____________、____________和灵活应变能力。

（4）直播营销中常用的宣传与引流方法包括____________、____________、____________、问答引流、线下引流。

（5）“四步营销法”包括____________、____________、赢得信任、____________4个步骤。

（6）为充分利用直播间的流量，在直播收尾时可以将直播间的流量引向____________、____________和粉丝平台3个方向。

学习成果评价

完成所有学习任务之后，请读者按照以下要求完成学习成果评价。

全班同学每5人一组，各组成员结合课前、课中和课后的学习情况和项目实训情况，按照表5-8的评价标准对该项目的学习效果进行自评和互评，并请教师进行总体评价。

表5-8　学习成果评价表

评价项目	评价内容	分值	评价得分		
			自评	互评	师评
知识（40%）	确定直播营销方案	5分			
	直播间设计及团队组建	10分			
	直播的宣传与引流	5分			
	直播间选品	5分			
	直播的开场与收尾	5分			
	直播间商品营销	10分			

表 5-8（续）

<table>
<tr><th rowspan="2">评价项目</th><th rowspan="2">评价内容</th><th rowspan="2">分值</th><th colspan="3">评价得分</th></tr>
<tr><th>自评</th><th>互评</th><th>师评</th></tr>
<tr><td rowspan="2">技能（40%）</td><td>策划直播营销活动</td><td>20 分</td><td></td><td></td><td></td></tr>
<tr><td>实施直播营销活动</td><td>20 分</td><td></td><td></td><td></td></tr>
<tr><td rowspan="4">素养（20%）</td><td>善于团队合作、与人沟通</td><td>5 分</td><td></td><td></td><td></td></tr>
<tr><td>按时、积极参加教学活动</td><td>5 分</td><td></td><td></td><td></td></tr>
<tr><td>高质量地完成课前预习、课后复习</td><td>5 分</td><td></td><td></td><td></td></tr>
<tr><td>具备良好的学习态度</td><td>5 分</td><td></td><td></td><td></td></tr>
<tr><td colspan="2">合 计</td><td>100 分</td><td></td><td></td><td></td></tr>
<tr><td>总评</td><td>自评（20%）+互评（20%）+师评（60%）=</td><td>综合等级：</td><td colspan="3">教师（签名）：</td></tr>
</table>

项目六

直播营销后期传播与数据复盘

项目导读

直播结束后，直播运营团队可以通过视频、文字、图片等方式在各个媒体平台继续宣传直播内容，让未观看直播的用户获取营销信息，也让直播营销的效果持续发酵。同时，直播运营团队还需要回顾直播营销活动的整个过程，并进行数据复盘，总结出直播的经验与教训，然后在下一次直播中改进，以达到更好的直播营销效果。

本项目主要介绍直播营销后期传播与数据复盘的相关知识，包括目标用户定位、直播传播形式的选择、直播间粉丝运营、数据复盘的概述、直播数据分析的内容及常用指标，以及直播经验总结等。

知识目标

- 掌握定位目标用户的方法和直播间粉丝运营的方式。
- 掌握数据复盘的基础知识。

能力目标

- 能够使用不同方式传播直播活动。
- 能够分析直播数据并总结经验。

素质目标

- 培养做事认真、细心观察的工作精神。
- 做事实事求是，懂得复盘分析，总结经验并不断修正。

启发案例

与众不同的体验："晚会+直播+购物"

2021年9月21日晚，"湾区升明月"2021大湾区中秋电影音乐晚会在深圳湾体育中心盛大举办。

与音乐和星光同步辉映的，是舞台之下7个直播间的带货热力，即电影频道主持人蓝某、郭某等坐镇的主直播间，以及大湾区官方好物推广大使、淘宝主播李某某和林某某等分别领衔的6个子直播间，如图6-1所示。

图6-1 晚会直播间

当日，"七星拱月"互动直播，3小时内销售额即破亿，全天直播间观看人数破亿，临结束前仍有近200万观众不断涌入主直播间。直播结束后，主办方公布了该场晚会的传播热度分析和讨论词云图，如图6-2所示。据统计，全网直播观看总量超4亿；节目《湾》《敢爱敢做》《东方之珠》等多首歌曲深受观众喜爱。晚会播出后全网讨论热度仍高居不下，回看持续升温。"湾区升明月”话题阅读量不断上涨，破圈突围，席卷全网。

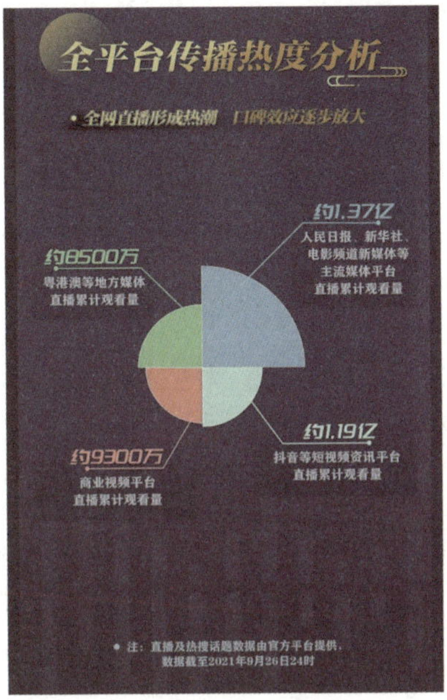

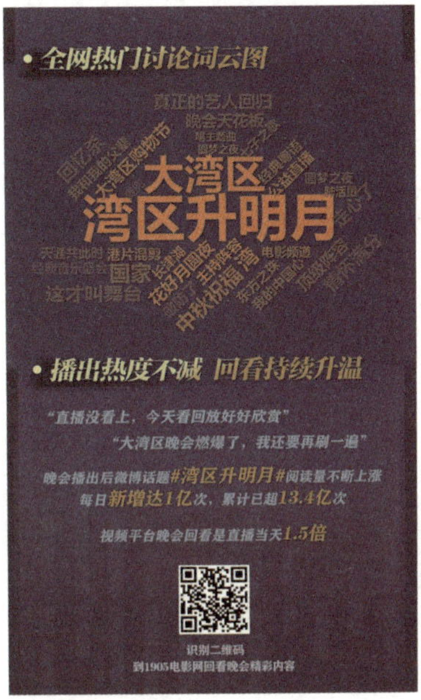

图6-2 晚会直播数据

（资料来源：https://new.qq.com/rain/a/20210922A06L4D00，有改动）

任务一 传播直播营销活动

问题导入

实施直播营销活动后，对直播内容进行二次传播是非常必要的，这一过程能够让未能及时参与直播的用户了解直播内容。在学习本任务之前，请读者思考以下问题。

（1）如何定位直播的目标用户？

（2）直播结束后如何传播直播内容？

（3）如何提升直播用户的黏着性？

必备知识

一、目标用户定位

在直播营销活动中，想要对传播直播内容的目标用户进行定位，可以分析用户的基本特征、媒体偏好、搜索或浏览行为习惯、历史购买行为和心理特征等，以便把握用户的需求特点，从而精准定位目标用户，并引导潜在用户向现实用户转变。

在这几个方面对用户进行分析后就可以将用户信息标签化，从而构建用户画像（见图6-3），直播运营团队可以通过用户画像有针对性地对用户进行信息传播。

图6-3　用户画像

例如，某直播间在运营了一段时间后对用户进行了分析，发现用户群体中年轻人较多，则可以考虑增加时尚潮品的营销。

二、传播形式的选择

直播结束后，直播运营团队还需进一步在网络上传播直播的相关内容，让直播活动的营销效果持续发酵。常见的传播形式包括视频、软文和表情包3种，这3种形式可以独立推广，也可以组合使用，如“视频+表情包”“软文+表情包”等。

（一）利用视频传播直播内容

相较于文字和图片，视频音画并茂，更能引人注意。人们日常的工作、生活和学习中，各种视频无处不在，视频已然成了最生动直观、最受人们喜爱的信息获取方式之一。

利用视频传播直播内容包括确定视频的编辑方式、制作与上传视频，以及推广视频3个步骤，如图6-4所示。

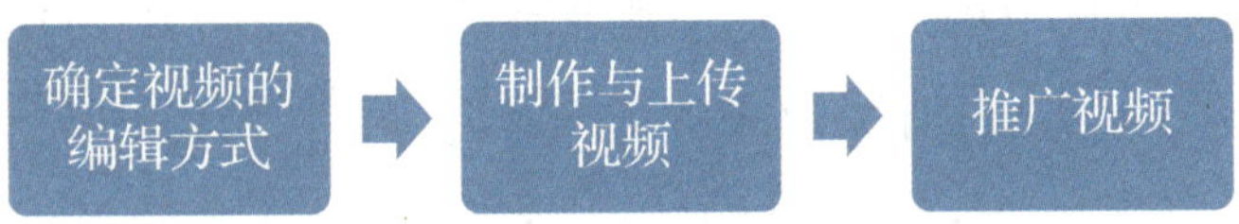

图6-4　利用视频传播直播内容

1．确定视频的编辑方式

（1）全程录播。全程录播的编辑方式适合持续时间较短（一般为30分钟以内）且节奏紧凑的直播。直播运营团队可直接将直播的全程录像作为视频主体，在片头、片尾对直播名称、参与人员等进行简要介绍即可。

（2）浓缩摘要。浓缩摘要的编辑方式适合持续时间超过30分钟且存在大量等候内容（如游戏比赛等待时间、晚会候场时间或等待某个特殊时间节点等）的直播。例如，一场美食制作类直播结束后，可以制作浓缩摘要式视频，并利用旁白进行内容解读，可参考如下文案。

> 今天我们来做一款老式咸奶油蛋糕。首先，准备好需要的食材（插入直播视频中的食材准备片段）；然后制作蛋糕片，将玉米油倒入牛奶中搅拌至乳化，筛入低筋面粉并搅拌……（插入直播视频中的蛋糕片制作片段）；接着制作老式咸奶油（插入直播视频中的咸奶油制作片段）；最后，将咸奶油均匀涂抹在烤好的蛋糕片上并撒上杏仁片（插入直播视频中相应的操作片段）。

（3）片段截取。对于整体特色不突出、仅一小部分有趣的直播来说，可以采用片段截取的编辑方式。在剪辑录播素材时，可以只截取和拼接直播中“有趣”“温暖”或“有意义”的片段，利用短视频制作技巧，放大趣味性。

2. 制作与上传视频

移动端的直播视频可以使用剪映、VUE Vlog、小影等手机App直接编辑；PC端的直播视频可以利用Adobe Premiere、爱剪辑、会声会影等视频编辑软件进行编辑。

视频制作完成后即可上传至社交媒体或视频平台供用户浏览。目前大部分社交媒体和视频平台都支持视频上传，如微博、微信、抖音、腾讯视频、B站等。在上传视频前，需要阅读各平台的视频上传注意事项，特别是对于视频大小、视频格式、视频清晰度、视频二维码等的限制，防止因违反视频上传规定而无法上传或审核不通过的情况发生。

（二）利用软文传播直播内容

软文是生命力最强的广告形式之一，它追求的是一种春风化雨、润物无声的传播效果，避免了硬广所具有的生硬感。从用户角度来看，软文的营销性更弱，更容易让人产生兴趣。因此，对直播运营团队来说，软文推广毫无疑问是最能避免读者反感的推广形式。

直播运营团队可以采用软文的方式将活动细节以用户感兴趣的形式呈现出来，这样更有助于提高直播内容的曝光量。适合用来推广直播内容的软文类型主要有以下几种。

1. 行业资讯

行业资讯类软文常用于推广新闻发布会、媒体推介会等主题比较严肃的直播内容，主要面向的是关注行业动态的专业人群。直播运营团队可以将直播内容以“本行业最新事件”“业内大事”等形式发布在问答社区、兴趣论坛或其他媒体平台，以引起业内人士的关注。

拓展阅读

2020年6月13日，故宫博物院推出了“寿康集萃 御园赏幽”的云观展直播活动，随后在其官方网站上发布了针对此次直播活动的行业资讯类软文，吸引大家的关注，如图6-5所示。

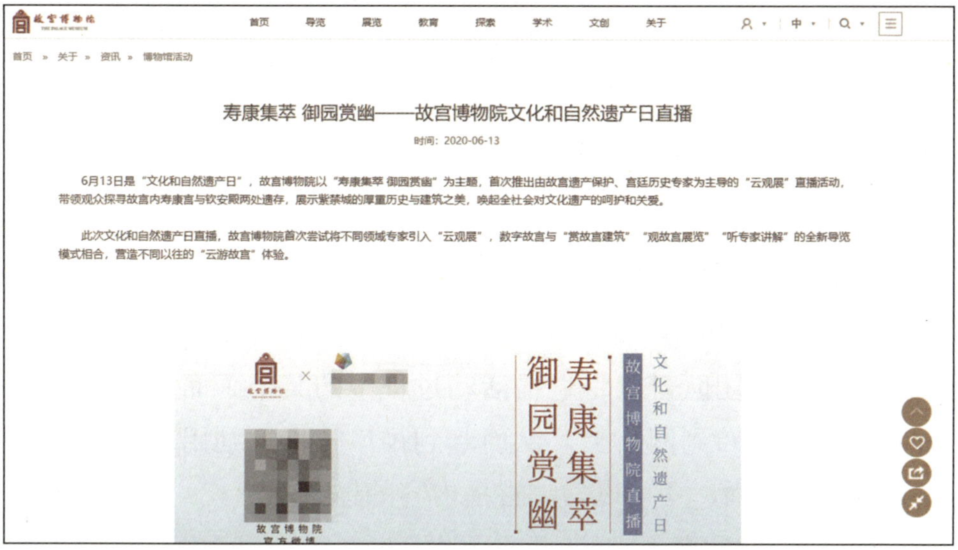

首页 导览 展览 教育 探索 学术 文创 关于

首页 » 关于 » 资讯 » 博物馆活动

寿康集萃 御园赏幽——故宫博物院文化和自然遗产日直播

时间：2020-06-13

6月13日是“文化和自然遗产日”，故宫博物院以“寿康集萃 御园赏幽”为主题，首次推出由故宫遗产保护、宫廷历史专家为主导的“云观展”直播活动，带领观众探寻故宫内寿康宫与钦安殿两处遗存，展示紫禁城的厚重历史与建筑之美，唤起全社会对文化遗产的呵护和关爱。

此次文化和自然遗产日直播，故宫博物院首次尝试将不同领域专家引入“云观展”，数字故宫与“赏故宫建筑”“观故宫展览”“听专家讲解”的全新导览模式相合，营造不同以往的“云游故宫”体验。

图6-5　故宫博物院发布的行业资讯类软文

2．观点提炼

观点提炼类软文是指由直播活动的核心观点提炼而成的有条理的文章。如今，互联网资讯铺天盖地，网络信息良莠不齐，而用户的时间是有限的，与长篇大论相比，用户更希望快速看到核心内容。因此，观点提炼类软文是比较受用户欢迎的软文形式之一。

3．用户体验

用户体验类软文是用较写实的方式从用户的角度讲述他们眼中的某场直播。由于用户和主播、企业或主办方都没有直接的利益关系，因此撰写的文章可以更随意、更博人眼球。例如，对于一场寻觅特色美食的直播，主播发布的文章会从正面介绍各种美食，而用户则会从“我都没注意听主播说话，只顾着擦口水了”“这是一场美食界的相声表演”等角度去写文章，看着更接地气也更有吸引力。

4．主播经历

主播经历类软文是以主播的视角对直播活动进行重点回顾的文章，类似于主播的一篇日记。与普通的介绍直播活动的文章相比，这样的文章更有温度，更能拉近直播活动与用户之间的距离。

5．运营心得

运营心得类软文是从直播运营团队的角度分享某场直播幕后的故事，主要面向的是直播从业人员及相关企业策划人员。此类软文可以从“我是如何策划一场企业直播营销活动的”“一场万人参与的直播营销活动该如何筹备”等角度分享直播运营的心得，从侧面起到宣传直播内容的作用。

（三）利用表情包传播直播内容

表情包，即有趣的图片加上俏皮的文字形成的特定表情图片，可用来表达特定的情绪。如今，表情包已经演变成一种进化了的网络语言和文化符号，跻身互联网主流文化中。

因此，直播运营团队可以将直播活动过程中的某个画面截取下来制成表情包，通过各种渠道发布到网络上，从而起到推广作用。利用直播表情包不仅可以促进直播内容的传播，还可以增加直播内容的趣味性。

三、直播间粉丝运营

直播营销活动结束后，主播和直播间会积累一定数量的粉丝，为防止粉丝流失，直播运营团队需要对粉丝进行定期维护和运营，积极与粉丝沟通交流、发起粉丝活动等，实现“普通粉丝→忠实粉丝”的转变。

对于通过直播加入的粉丝，直播运营团队在进行粉丝运营时，可以通过创作优质内容、积极高效互动、分享专属信息、打造主播IP等方式来提升粉丝黏着性。

1．创作优质内容

过于单一的直播内容会让粉丝感到枯燥乏味而离开。因此，直播运营团队需要不断创作优质的直播内容来吸引粉丝的注意，为粉丝持续性地提供有价值的直播内容。例如，某主播在抖音平台上主营厨房用品，其用户大多是家庭主妇和独居青年，该主播经常在平台上发布一些简易美食的制作方法，久而久之，粉丝就会形成观看习惯，同时也会逐渐增加对主播的好感度。

2．积极高效互动

无论是在直播过程中还是在直播结束后，主播都要积极与粉丝进行互动。尤其是直播结束后的互动，可以很大程度上提升粉丝黏着性，将普通粉丝转化为主播和直播间的忠实粉丝。主播与粉丝进行高效互动的方式可以是发起话题讨论、举办抽奖活动或粉丝活动等。

（1）发起话题讨论。主播可以在个人账号发起一些容易引发讨论或让粉丝产生共鸣的话题，如近期的热点事件或情感类话题等，并在评论区与粉丝互动，从而增强粉丝与主播的互动感。

（2）举办抽奖活动。主播可以在粉丝群或个人账号发起抽奖活动，如“转发并评论此条微博随机抽取5位幸运粉丝平分500元现金”。这类抽奖活动看似简单、直接，但往往十分有效，会让粉丝产生参与感和期待感。

（3）举办粉丝活动。主播可以通过定期举办线上或线下的粉丝活动来提高粉丝的积极性，并与粉丝进行高效互动，为以后的直播营销活动打好粉丝基础。

3. 分享专属信息

直播运营团队可以定期在粉丝群里发布一些外部无法第一时间获取的最新资讯，如爆款产品提前购、专属折扣链接、新品内购网址、买即赠暗号等，让粉丝群里的粉丝享受到专属福利，从而提升粉丝黏着性。需要注意的是，一些对外发布的广告、活动信息等尽量不要发在粉丝群里，否则粉丝群就会逐渐演变成广告群，粉丝在群里的活跃度也会降低。

4. 打造主播IP

主播在打造个性化IP时，需要树立正面形象，打造差异化人格，并不断强化自己的人格属性，让粉丝产生崇拜感和亲近感，这样粉丝就会逐渐转变为主播的忠实粉丝。甚至有的粉丝还会为喜欢的主播进行口碑宣传，而这也是最有效且成本最低的宣传方式。

任务实施

本任务实施结合直播营销后期传播与短视频制作的相关知识点，使用剪映App为直播制作一个宣传短视频。为便于读者理解，我们将整个过程分为导入并剪辑视频素材，为视频添加特效与贴图，导出并分享视频4个部分讲解。

直播宣传短视频制作步骤

（一）导入并剪辑视频素材

步骤1 打开剪映App，点击“开始创作”按钮，进入素材选取界面，选择本书配套素材“素材与实例”→“项目六”→“任务一”→“直播视频素材.mp4”文件，然后点击右下角的“添加”按钮，导入直播视频素材，如

图6-6所示。

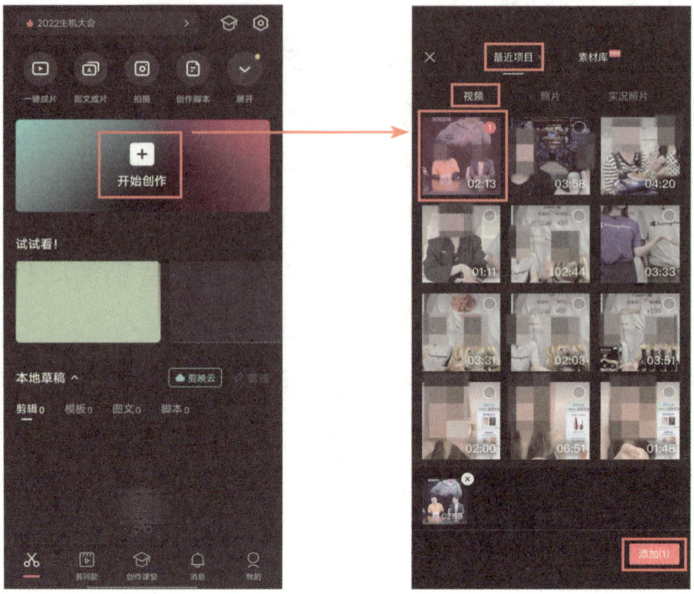

图6-6　导入直播视频素材

步骤2 导入直播视频素材后，向左拖动视频时间轴，使时间线位于第2秒处，然后点击操作界面底部的“剪辑”按钮进入剪辑界面，点击界面底部的“分割”按钮，将直播视频分割成两段，如图6-7所示。

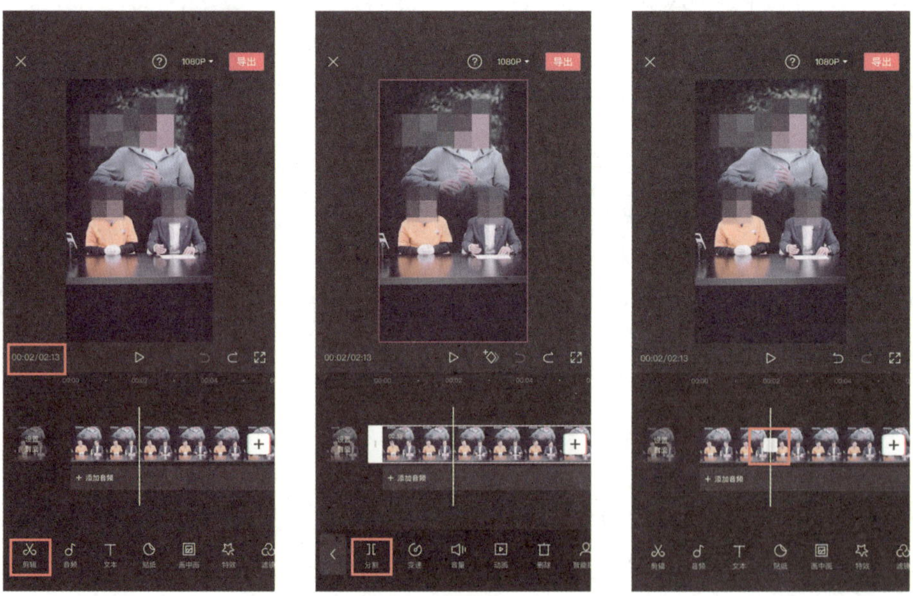

图6-7　分割视频

点击选中时间线左侧的视频片段，点击“删除”按钮删除该片段。参考上述方法，向左拖动视频时间轴，使时间线位于第1分28秒处，点击界面下方的“剪辑”→“分割”按钮，然后选中时间线右侧的视频片段，点击“删除”按钮，完成视频剪辑。

（二）添加特效与贴图

步骤1 拖动视频时间轴使时间线位于第7秒处，点击操作界面底部的“特效”按钮进入特效界面，在“画面特效”中选择“综艺”特效中的“哈哈弹幕”，然后点击“确定”按钮✓，如图6-8所示。

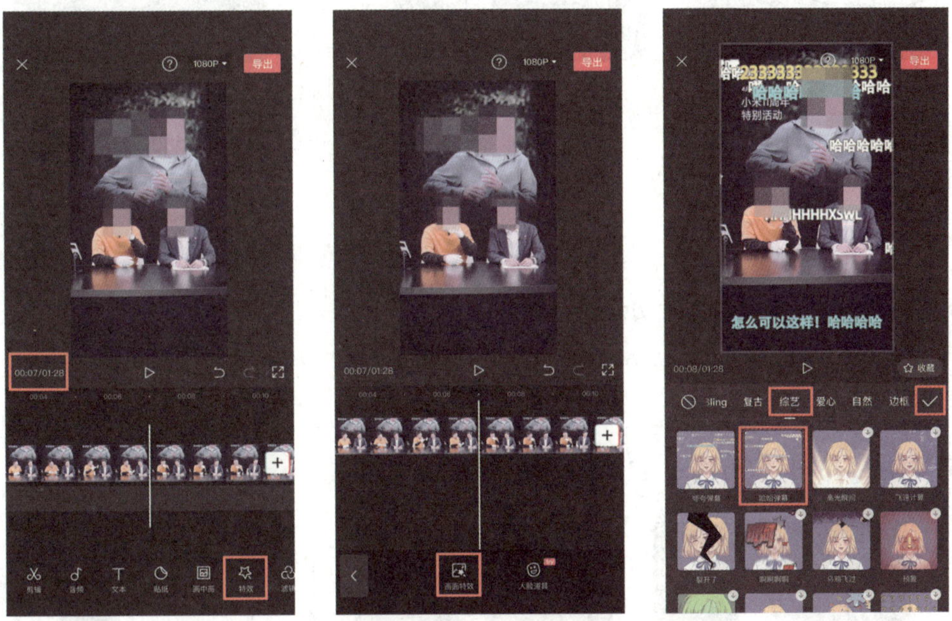

图6-8 为视频添加综艺特效

点击选中哈哈弹幕时间轴，拖动其右侧滑块□到第9秒处。最后，依次点击“返回”按钮«和‹，返回操作界面。

步骤2 拖动视频时间轴，使时间线位于第14秒处，点击操作界面底部的“贴纸”按钮进入贴纸界面，选择一个箭头类贴纸，在预览窗口中利用贴纸四周的操作点调整贴纸的大小、方向及位置，然后点击“确定”按钮✓，如图6-9所示。

点击选中贴纸时间轴，拖动其右侧滑块□到第16秒处，如图6-10所示。最后，依次点击“返回”按钮«和‹，返回操作界面。

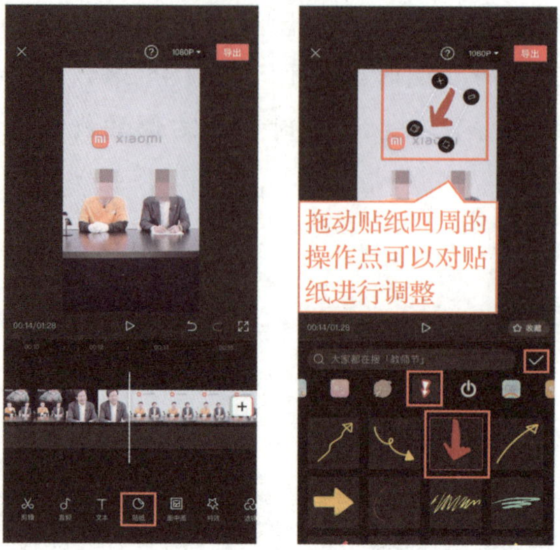

图6-9　为视频添加贴纸

图6-10　调整贴纸的持续时间

（三）导出并分享视频

步骤1 点击操作界面右上角的“导出”按钮，在导出成功的界面中点击“抖音”按钮，此时自动打开抖音App。

步骤2 点击“下一步”按钮，在打开的“发布”界面中点击“#话题”按钮，在展开的列表中选择合适的话题，如“#手机”，然后点击界面下方的“发布”按钮即可，如图6-11所示。

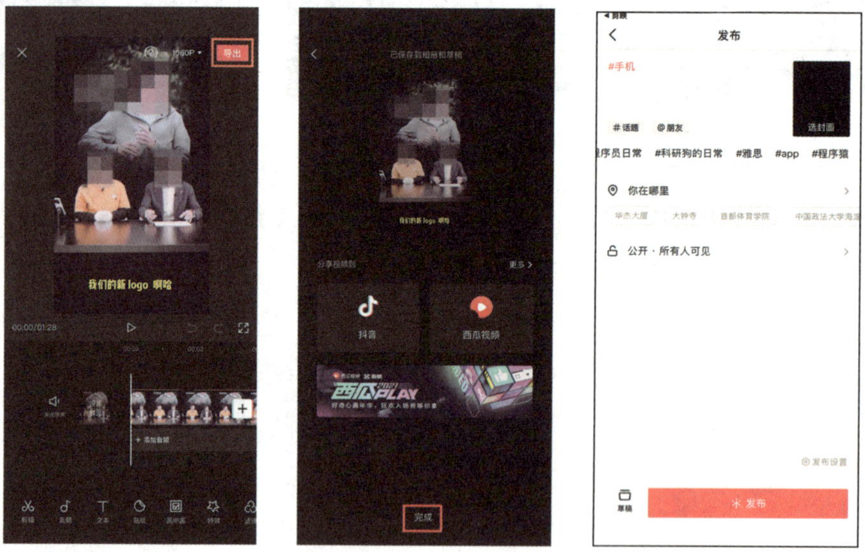

图6-11　导出并分享视频

任务二 复盘直播营销活动

问题导入

一场完整的直播营销活动不仅包括前期策划、中期实施和后期传播，在直播结束后还要通过数据复盘及时总结与反思。在学习本任务之前，请读者思考以下问题。

（1）数据复盘的核心内容是什么？

（2）如何获取和分析直播数据？

（3）直播数据分析的常用指标有哪些？

（4）如何进行直播经验总结？

必备知识

一、数据复盘概述

“复盘”原是围棋术语，本意是对弈者下完一盘棋之后，重新在棋盘上把对弈过程演示一遍，看看哪些地方下得好，哪些地方下得不好，哪些地方可以有不同甚至更好的下法等，这个把对弈过程还原并进行研讨、分析的过程就是复盘。在营销领域，企业营销活动结束后通常也需要进行数据复盘，总结经验与教训并作为下一次营销活动的参考，从而不断提升营销效果。

数据复盘的核心内容包括数据分析和经验总结两部分，如图6-12所示。

（1）数据分析是从客观层面对营销数据进行分析。不过，单纯的数据分析只能片面地对营销结果进行分析与总结，企业还应将分析结果与营销目标进行比较，以得到更加全面的数据分析结果。

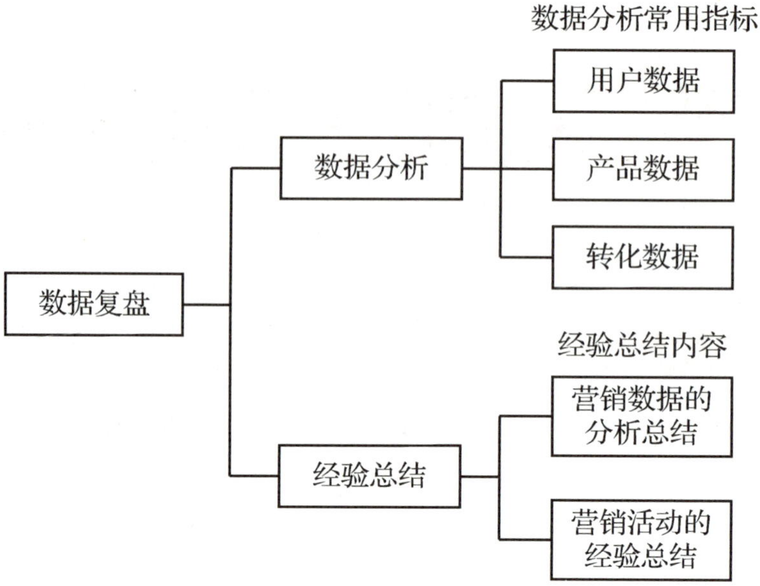

图6-12　数据复盘的核心内容

常用的数据分析指标包括用户数据、产品数据和转化数据等。其中，用户数据包括新增用户量、活跃用户、用户购买偏好等；产品数据包括销量、销售额等；转化数据包括用户流失率、退款率、复购率等。

（2）经验总结是从主观层面对营销活动的整个过程进行剖析与总结，其内容包括营销数据的分析总结和营销活动的经验总结。前期的数据分析结果可为经验总结环节提供重要参考依据。

对于超出预期目标的营销活动来说，企业需要探究成功的关键要素，总结各营销环节的成功经验，并将有效的经验应用于下一次营销活动；对于未达到预期目标的营销活动来说，企业需要探究失败的根本原因，并总结失误之处，积极思考改善的方式，避免在下一次营销活动中出现相同或类似的失误。

二、直播数据分析

在分析直播数据之前，通常需要明确直播数据分析的目标，一般来说，目标可分为3种：① 找出直播间数据波动的原因，包括数据上升和下降；② 找出优化直播内容或提升直播营销效果的方案；③ 通过数据规律推算平台算法，从算法出发对直播内容进行优化。

在明确直播数据分析的目标之后就可以通过各种途径获取直播数据并进行分析了。

（一）获取直播数据

直播运营团队可以通过主播账号后台、平台提供的数据分析工具或第三方数据分析工具来获取直播数据并进行分析。

1. 主播账号后台

在主播账号后台通常会有直播数据统计，主播可以在直播过程中或直播结束后通过账号后台获取直播数据。

以抖音App为例，对于正在直播的直播间来说，主播可以点击直播界面左上角的“本场点赞”或右上角的“观看人数”来查看实时直播数据。

对于已经结束直播的直播间来说，主播可以在抖音App打开“我”界面，点击右上角的☰按钮，在展开的列表中点击“创作者服务中心”→“主播中心”按钮，在打开的界面中可以查看前30天的直播数据，点击“数据中心”按钮，还可以查看当日直播或某场直播的详细数据，如图6-13所示。

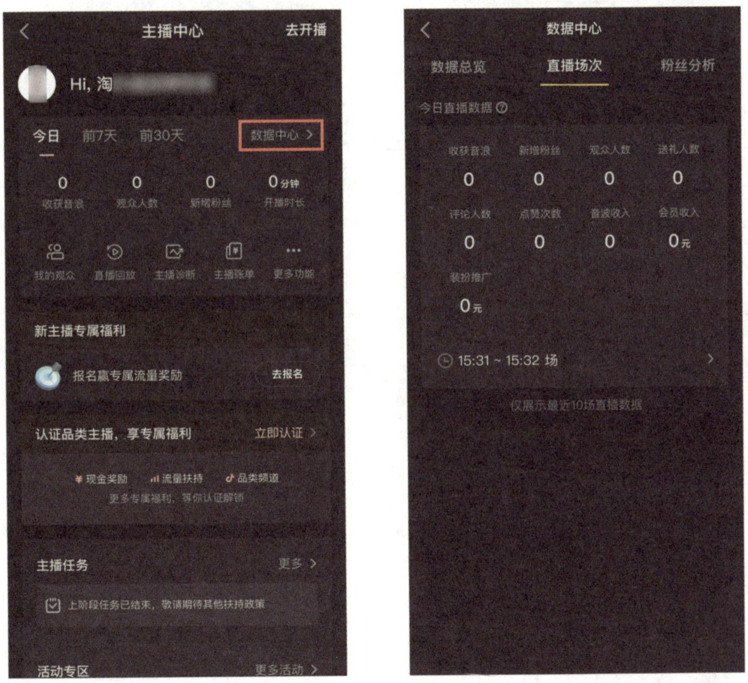

图6-13　查看已结束直播的直播数据

2. 平台提供的数据分析工具

为帮助商家更好地运营店铺，一些平台会专门为本平台用户提供数据分析工具。例如，阿里巴巴集团为商家提供了大量的数据分析工具，包括品牌数据银行、生意参谋、达摩盘等。这些工具也能为商家提供淘宝直播的相关数据，商家通过这些数据分析工具可以更方便快捷地了解店铺的直播情况。

其中，生意参谋是阿里巴巴集团统一的商家数据平台，它基于全渠道数据融合、全链路数据产品集成，为商家提供数据披露、分析、诊断、建议、优化、预测等一站式数据服务，如图6-14所示。目前，生意参谋服务的商家已超过2 000万，在月成交额30万元以上的商家中，逾90%在使用生意参谋。

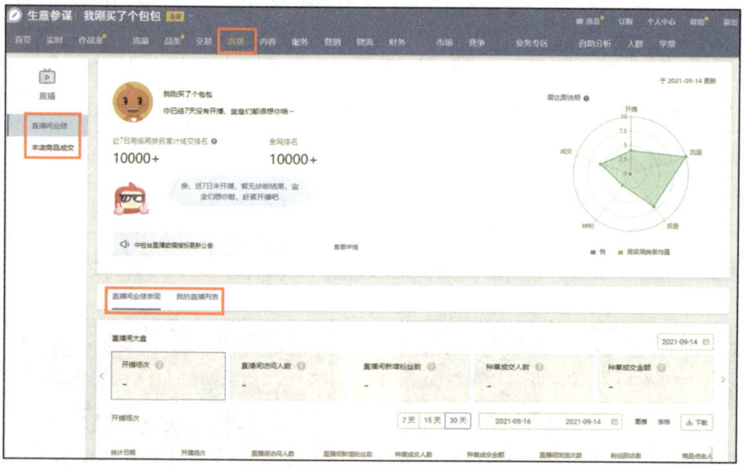

图6-14　使用生意参谋查看直播数据

3. 第三方数据分析工具

除了平台提供的数据分析工具外，直播运营团队还可以利用第三方数据分析工具搜集自己需要的数据，如飞瓜数据、卡思数据和蝉妈妈等。

（二）分析直播数据

获取所需直播数据后，接下来直播运营团队就可以对这些数据进行处理与分析，整理出深入的、有价值的信息或经验，以将其应用在之后的直播营销活动中。

1. 数据处理

数据处理是指对数据进行排查、修正和加工，以便于后续分析使用。数据处理一般包括两步，即数据修正和数据计算。

（1）数据修正。无论是从主播账号后台抓取的数据，还是从平台提供或第三方数据分析工具下载的数据，或是人工统计的数据，都有可能出现失误，所以数据处理的第一步就是对搜集来的数据进行排查，然后对异常数据进行修正，以保证数据的准确性和有效性，进而保证数据分析结果的可靠性。

例如，直播活动结束后，直播运营团队在对搜集的直播数据进行排查时发现“新增粉丝数”这项重要的直播数据存在缺失问题，这就需要人为进行数据填补。又如，某畅销商品的直播销售额为0，这显然是不合常理的，因此需要人为查看直播间的销售数据，并对其进行修正。

（2）数据计算。通过数据修正确保了数据的准确性和有效性之后，直播运营团队就可以进行数据处理的第二步，即根据数据分析目标对修正后的数据进行计算，充分挖掘数据特点和规律，以便于后续分析。常见的数据计算包括求和、求平均值、求增长率、趋势分析等。

例如，直播营销活动结束后，直播运营团队可能需要了解直播间的人均在线时长，这就需要找出直播的相关数据（即观众在线总时长与观看人数）来求平均值，以便与优秀主播进行比较。

2. 数据分析

完成数据处理的相关工作后，接下来就可以对直播数据进行分析了。目前最常用的数据分析方法是对比分析法和特殊事件分析法。

（1）对比分析法。对比分析法也称比较分析法，是指在相同标准下，将两个或两个以上相互联系的指标数据进行比较并分析，从而揭示这些数据所代表事物的变化情况。对比分析法的特点是可以直观地看出事物某方面的变化或差距，并且准确、量化地表示出这种变化或差距是多少，便于查找差异产生的原因，从而找到优化的方法。

例如，某主播平均每场直播的销售额在100万～150万元，但某场直播的销售额达到了500万元，销售额与之前相比偏差较大，属于异常数据。因此，直播运营团队需要对此项数据进行分析，查找其产生的原因。

提示

对比分析法可分为静态比较和动态比较两类。其中，静态比较是在同一时期对不同指标的比较，如不同部门、不同地区、不同国家之间的比较，也叫横向比较，简称横比。而动态比较是在不同时期对同一指标的比较，也叫纵向比较，简称纵比。在进行对比分析时，静态比较和动态比较这两种分析方法既可单独使用，也可结合使用。

在使用对比分析法时，需要注意比较的对象要有可比性。同时还要注意指标的计算方法、计量单位必须一致，即要用同一种单位或标准去衡量。

（2）特殊事件分析法。许多直播数据出现异常也可能与某个特殊事件有关，如淘宝直播首页或频道改版、主播变更了直播标签、改变了开播时间或更新了直播间商品等。直播运营团队在记录日常数据的同时，也要注意对这些特殊事件进行标注，便于在后期数据复盘的过程中，将异常的直播数据与特殊事件联系起来进行分析。

三、直播数据分析的常用指标

直播数据分析的常用指标包括直播商品数据、用户信息数据、流量数据、互动数据、转化数据等。下面以第三方数据分析工具“飞瓜数据”为依托，介绍这些常用指标。

1. 直播商品数据

主播可以通过直播商品数据来了解直播间商品的销售情况，如商品销量、销售额等，如图6-15所示。其中，直播销售额能最直观地体现主播的直播带货能力。

直播过程中，如果用户对主播推荐的商品感兴趣，大多会点击查看商品详情。主播可以通过直播间的正在购买人数趋势图，清楚地了解哪款商品比较受用户喜爱，从而进行重点推广。

直播结束后，直播运营团队可以根据商品的预估销量和预估销售额来判断某段时间内直播带货的效果。当发现数据有下滑趋势时，需要及时找出原因，有针对性地调整直播运营策略，以提升直播营销的稳定性。

例如，图6-16为某场直播的正在购买人数趋势图，从中可以看出，7点40分时正在购买人数为2 386，人数较多，说明该时间上架的商品比较受直播间用户的喜爱，主播应对其重点介绍。

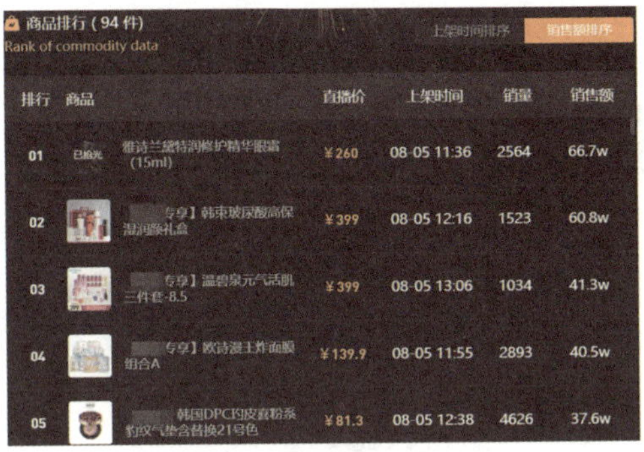

图6-15 直播商品数据

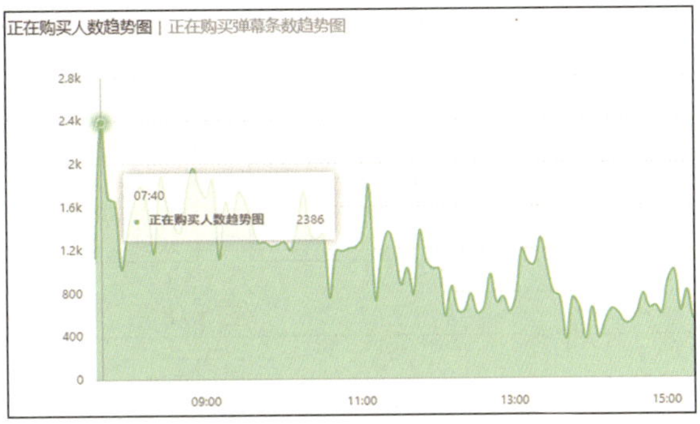

图6-16 正在购买人数趋势图

2. 用户信息数据

用户信息数据一般包括用户的年龄分布、性别分布、地域分布、购买偏好和活跃时间分布等。只要掌握了这些数据，不管是直播间选品还是制订直播优化策略，直播运营团队都可以迅速找到切入点。

例如，图6-17为某直播间的用户信息数据，从中可以看出，用户以31～35岁为主，其中女性用户占大多数，且浙江省的用户占比较高；直播间用户对女装、首饰和面部护肤品类商品比较感兴趣；在8点49分时直播间在线人数最多，达5.97万人。

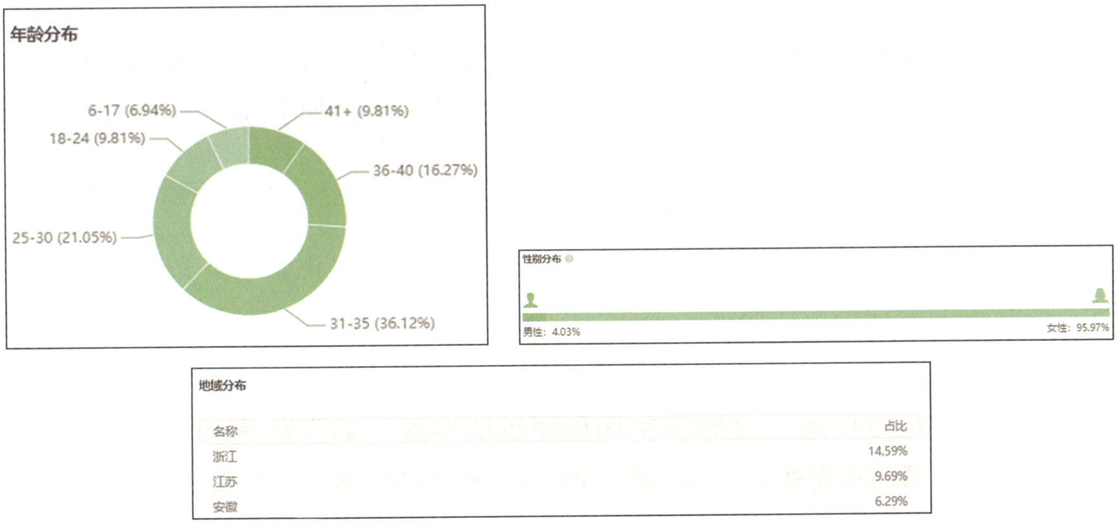

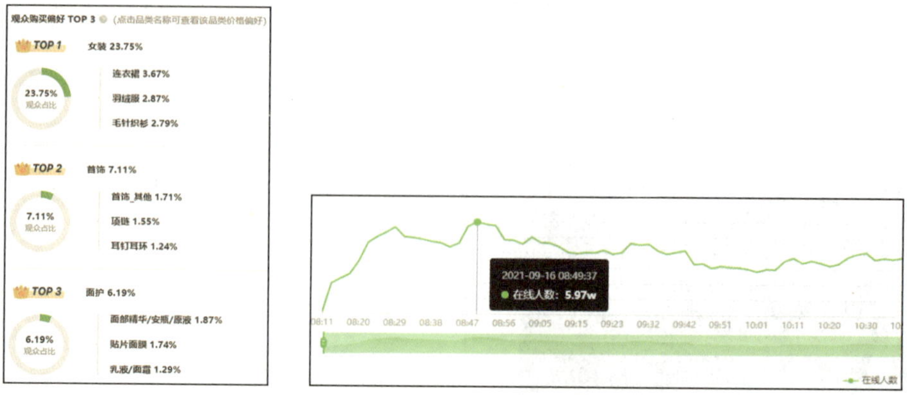

图6-17　直播间用户信息数据

3. 流量数据

流量数据一般体现在人气数据上，包含平均用户停留时间、观看人次/人数、人数峰值、平均在线人数、新增粉丝数、转粉率（新增粉丝数÷观看人数×100%）、本场点赞数、弹幕总数等。

例如，图6-18为某场直播的人气数据，从中可以看出，本场直播的平均用户停留时间为2分钟，超过74.23%的播主；共有256.1万人观看了本场直播；直播过程中人数最高达11.6万；平均在线人数为5.9万；新增粉丝数为7.5万，转粉率为2.91%；全场直播获得点赞数为2 311.6万；约有2万名用户共发了2.74万条弹幕。由此可见，本场直播十分受用户的喜爱。

提示

用户在直播间停留的时间越久，直播间的人气就越高，系统推荐机制就会把直播间推荐给更多其他用户。因此，留住直播间的用户，提高用户留存率对直播运营团队来说非常重要。

此外，飞瓜数据还提供了人数峰值趋势图，方便用户查看一段时间内直播间人数峰值的变化情况。例如，图6-19为某场直播的人数峰值趋势图，从中可以看出，人数峰值在11点32分达到最高后整体呈下降趋势。直播运营团队就需要对整场直播进行回顾，分析出现这种现象的原因，如当时直播间抽奖活动结束或爆款折扣商品售空等。

图6-18 人气数据

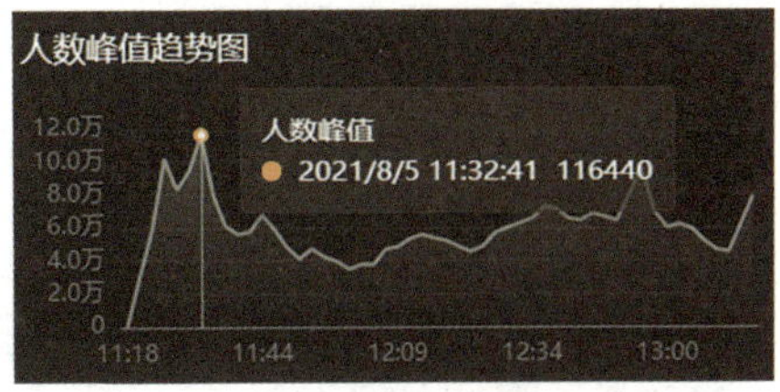

图6-19 人数峰值趋势图

互动讨论

在抖音版飞瓜数据分析工具上选择一场你感兴趣的直播，参考上述内容对直播间的人气数据进行分析。

4. 互动数据

在直播过程中，用户可以发送实时弹幕。直播结束后，这些弹幕中出现频率较高的关键词会以弹幕词云的形式展示出来。直播运营团队需要对直播间的弹幕词云进行分析，了解用户对哪些商品或话题感兴趣，从而发现其主要需求和购买倾向。这样在下一次直播时，就可以有目的地准备直播商品或话题，活跃直播间的气氛，同时也可以对用户感兴趣的商品进行持续推广。

5. 转化数据

以提升销量为目的的直播营销活动，除了销售数量本身，还可以通过商品的销售转换率和点击转化率等数据来分析直播效果。其中，销售转换率就是将观看直播的潜在客户转化为成交客户的概率；点击转化率则是指将商品展现在用户面前，通过展现路径点击购买商品的用户与点击了解商品的用户的比值。当然，两者的值都是越高越好。

在飞瓜数据中，仅可查看直播过程中的销售转换率（直播销量÷观看人数×100%）及直播结束后的点击转化率（直播销量÷正在购买人数×100%）。例如，图6-20为某场直播过程中的带货数据与人气数据，从中可以看出，商品的销售转换率为6.09%；图6-21为该场直播结束后的直播总计，从中可以看出，商品的点击转化率为28.73%。两者都相对较高，可见该直播间商品对用户具有很强的吸引力。

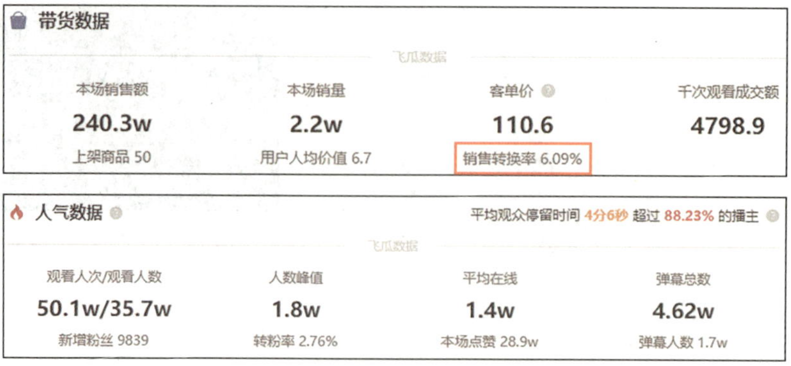

图6-20　带货数据与人气数据

图6-21　直播总计

拓展阅读

当直播间保持长期稳定的直播节奏时，大部分商品的点击转化率会维持在一个相对稳定的范围。根据飞瓜数据显示，正常直播的商品点击转化率在5%～20%浮动，具体数值会随着商品的类目、直播间的实时流量、用户信息的不同而有所变化。

四、直播经验总结

对直播数据进行挖掘与分析，并与直播前的营销效果进行对比，只能体现出直播的客观效果，而对于流程设置、团队协作、话术设计、道具准备等主观层面的经验则必须通过内部总结得出。因此，直播运营团队需要通过自我总结、团队讨论等方式对直播营销活动的整个过程进行经验总结，并将总结的经验进行归纳与整理，便于将有效的经验应用于下一次直播营销活动中。

由于直播营销活动过程的管理属于现场管理，因此可以参考现场管理的“人、机、料、法、环”5个因素，对直播营销活动进行全面分析与总结，如图6-22所示。

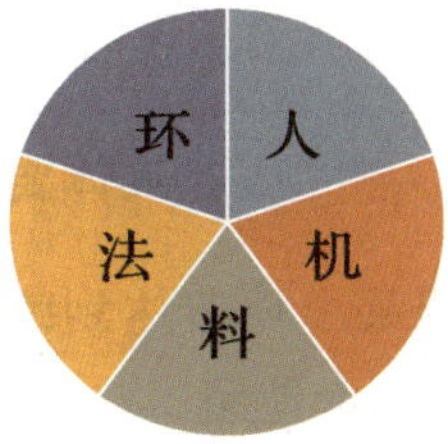

图6-22　现场管理的5个因素

提示

现场管理就是指利用科学的管理制度、标准和方法对生产现场各生产要素，包括人（工人和管理人员）、机（设备、工具等）、料（原材料）、法（加工、检测方法）、环（环境）等进行合理有效的计划、组织、协调、控制和检测，使其处于一种良好的结合状态，从而达到优质、高效、低耗、均衡、安全、文明生产的目的。

（1）“人”。直播运营团队需要对直播营销过程中涉及“人”的因素进行分析与总结，包括团队成员、主播、嘉宾等。一场成功的直播营销活动仅靠一个人的力量是无法实现的，而是需要团队的协作。因此，作为一支完整的团队，需要充分发挥每个成员的优势，尽量减少人为失误。

（2）“机”。直播运营团队需要对直播的硬件设施进行总结，对直播场地的布置、直播道具及直播设备的筹备等进行讨论与总结。

（3）“料”。直播运营团队需要对直播营销活动的开场形式、话术设计、互动玩法、产品营销方法及直播收尾等进行分析与回顾，分析其是否发挥了应有的作用。

（4）“法”。直播运营团队需要对直播营销方案、直播宣传规划等进行分析与总结，尤其是重新评估直播营销方案是否具有实际的指导价值。

（5）“环”。直播运营团队需要对直播的现场环境进行总结，针对现场的声音清晰度、直播间的灯光亮度、屏幕的流畅度等进行讨论与回顾。

以上5个因素分析结束后，直播运营团队还需按照“经验、教训、问题、方法”的形式对总结的经验进行归纳与整理，如表6-1所示。直播运营团队只有不断地总结、汲取经验，才能不断提升直播营销活动的效果。

表6-1　直播营销活动总结的分类与具体要求

总结类型	具体要求
经验	直播营销活动整体或某个环节达到或超出预期效果，可以作为经验进行记录，便于下一次活动参考使用
教训	未达到预期目标甚至影响到最终效果的环节，需要总结教训，在后续直播营销活动中尽量避免发生
问题	直播过程中遇到的困难或前期策划环节没有考虑到的问题，需要记录下来，后续直播活动的策划环节必须将这些问题或可能出现的困难考虑在内
方法	遇到问题或困难后的解决方法也需要记录下来，方便后续查找

任务实施

本任务实施结合前面所学知识，利用飞瓜数据对直播营销活动进行数据复盘，了解其实际应用方法。

复盘直播数据

步骤1 在浏览器的地址栏中输入飞瓜数据的官网地址（https://www.feigua.cn），然后按“Enter”键进入飞瓜数据首页。单击“抖音版”图标，进入抖音版飞瓜数据首页（见图6-23），然后单击首页右上角的“登录/注册”按钮，根据提示进行登录。

图6-23　抖音版飞瓜数据首页

步骤2 单击左侧导航栏中的“直播分析”→“实时直播热榜”按钮，在打开界面的搜索栏中输入关键字“图书”，然后单击搜索栏右侧的“搜索”按钮，查看具体有哪些直播间在推广该类商品，如图6-24所示。然后单击任一直播间下方的“直播详情”按钮进入直播详情界面，如图6-25所示。

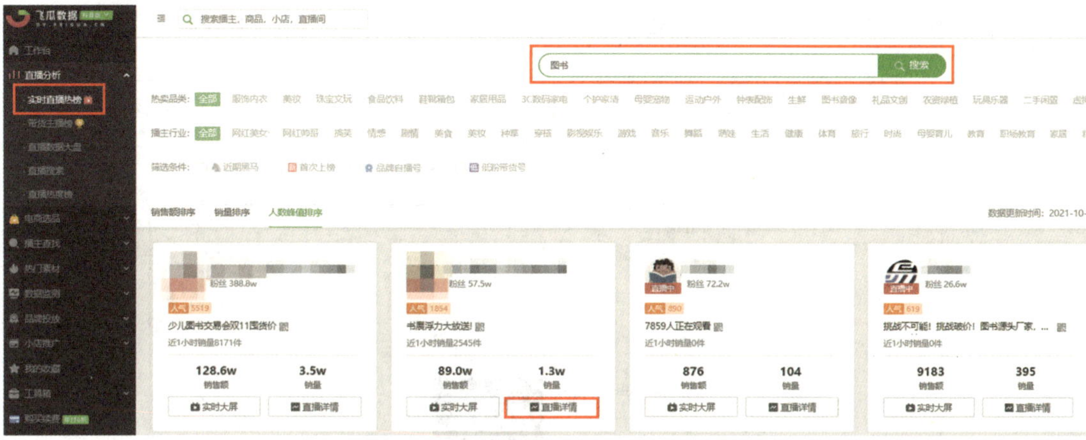

图6-24 图书类实时直播热榜

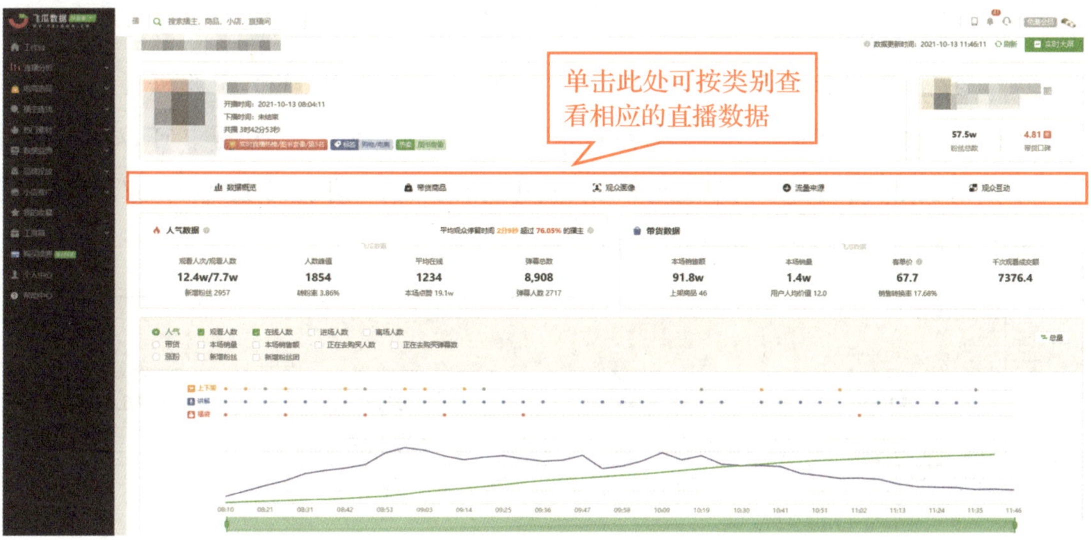

图6-25 直播详情界面

步骤3 在直播详情界面可以直接查看直播间人气数据和人气数据趋势图，如图6-26和图6-27所示。从图6-26中可以看出，本场直播的人气数据整体偏高，抖音用户对这类直播内容很感兴趣；从图6-27中可以看出，直播间观看人数是持续增加的，直播间在线人数在8点58分达到峰值，随后整体呈下降趋势。

图6-26　直播间人气数据

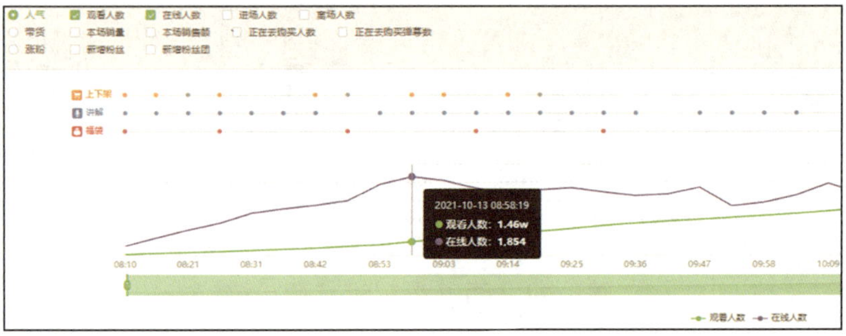

图6-27　直播间人气数据趋势图

步骤4 在直播详情界面的人气数据右侧可以查看直播间带货数据，包括本场直播销售额、销量、销售转换率等，如图6-28所示。从图中可以看出，本场直播的销售额是91.8万元，销量是1.4万册，销售转换率为17.68%，在同类直播中是比较高的。

图6-28　直播间带货数据

步骤5 选中人气数据下方的“带货”单选钮，并勾选“本场销量”“本场销售额”“正在去购买人数”“正在去购买弹幕数”复选框，查看带货商品数据的变化情况，如图6-29所示。从图中可以看出，本场直播销量及销售额在持续增加，而正在去购买人数及弹幕数比较平稳。

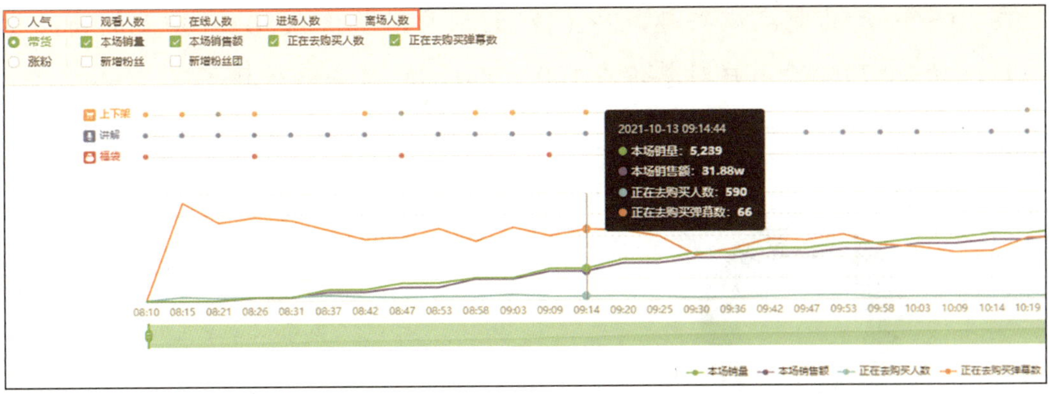

图6-29　直播间带货数据趋势图

步骤6 在直播详情界面中，向下拖动右侧的滚动条，在直播数据趋势图下方可以查看单个带货商品的数据，如图6-30所示。从图中可以看出，《阶梯图书馆：小学生通识教育读库》的预估销量和预估销售额相对较高，很受用户欢迎。

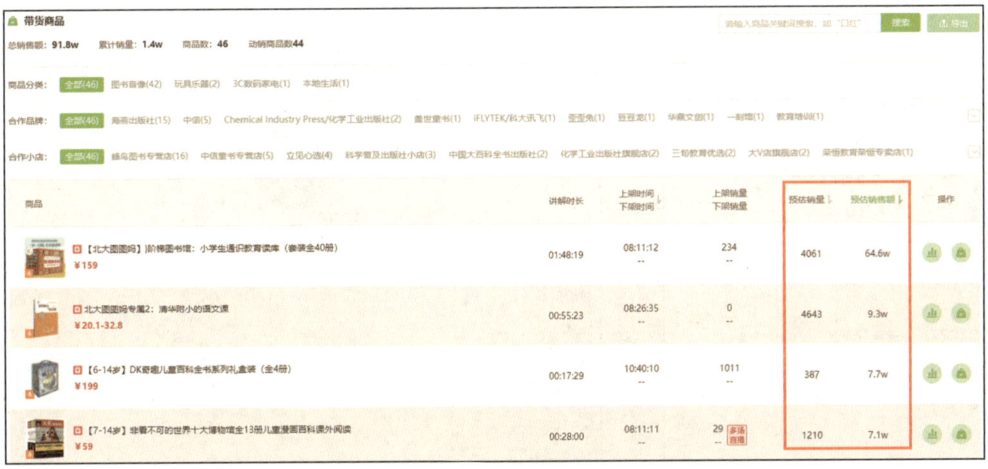

图6-30　直播间带货商品数据

步骤7 继续在直播详情界面中向下拖动右侧的滚动条，在带货商品数据下方可以查看用户信息数据，包括用户的年龄分布、性别分布、地域分布、购买偏好和价格偏好，如图6-31和图6-32所示。

从图6-31中可以看出，该直播间用户以31～35岁为主，其中女性用户占大多数，且北京与河北的用户占比较高；从图6-32中可以看出，直播间用户的购买偏好前三名分别为女装、书籍和童书，且27.22%的用户对单价在20～50元的商品感兴趣，28.61%的用户对单价在50～100元的商品感兴趣，约24.79%的用户对单价在100～300元的商品感兴趣。

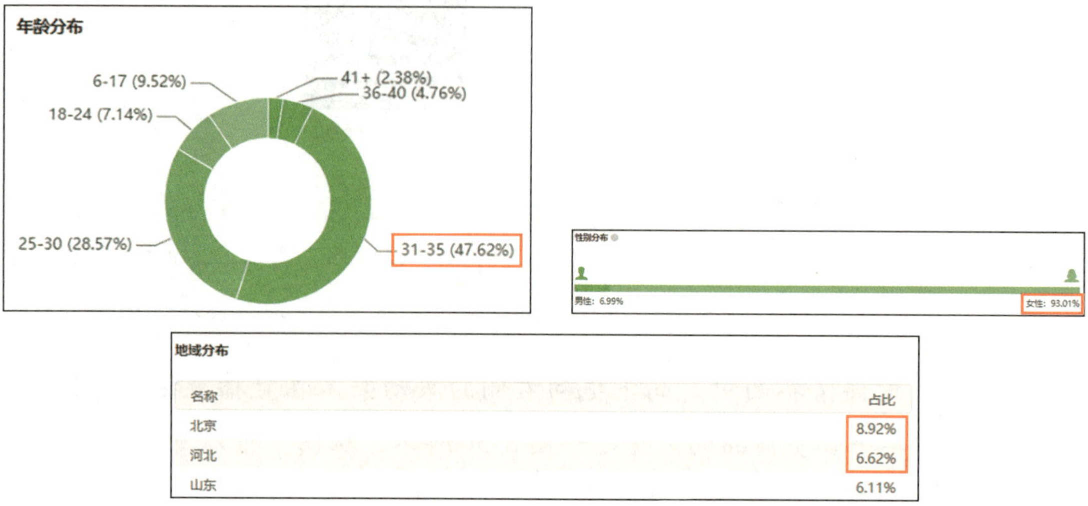

图6-31　直播间用户年龄、性别和地域分布

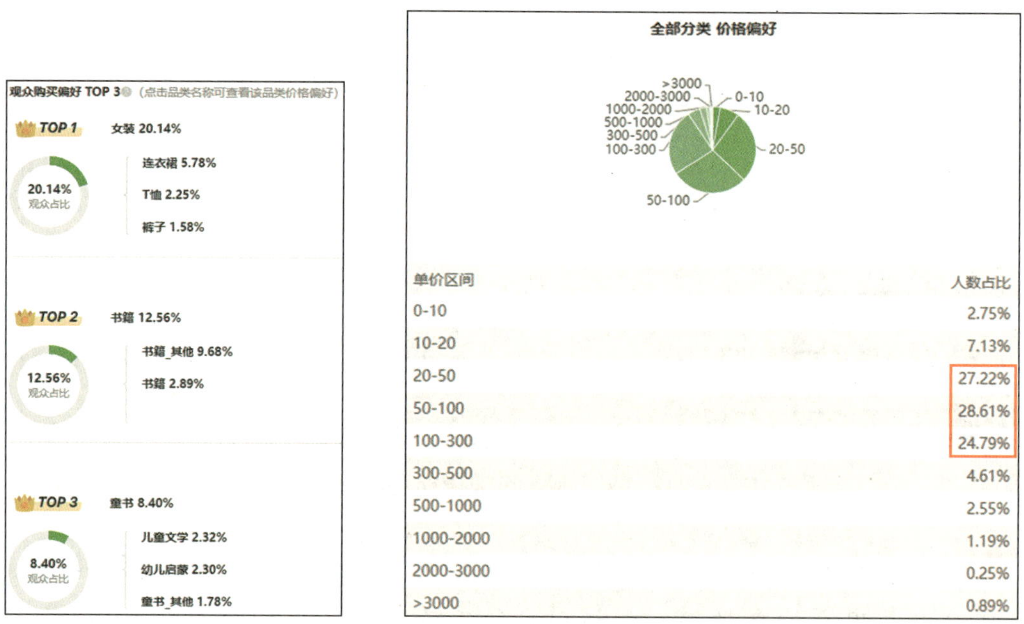

图6-32　直播间用户的购买偏好和价格偏好

步骤8 继续在直播详情界面中向下拖动右侧的滚动条，在最下方可以查看直播间用户互动的相关数据，如图6-33所示。从图中可以看出，历史发言用

户发送弹幕的比例更高，直播间商品相关的弹幕占比超过了70%，弹幕词云中“清华”“二年级”“通识教育”“附小”等关键词出现的频率较高。

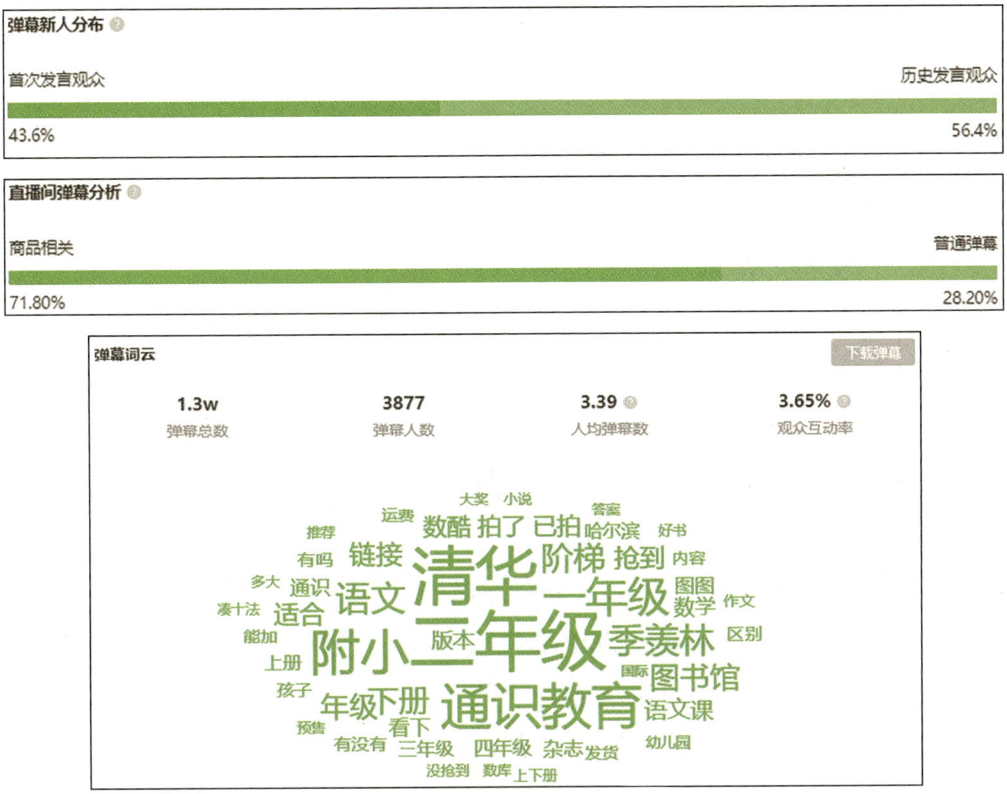

图6-33 直播间用户互动数据

项目实训

根据本项目所学知识，宣传一场校园文具义卖直播活动并对其进行数据复盘。

（1）利用视频传播的形式，将直播视频剪辑制作成推广短视频，发布到抖音平台进行宣传。

（2）利用飞瓜数据或其他平台获取本次直播活动的数据并进行分析。

课后习题

1. 选择题

（1）以下关于传播直播营销活动的说法中，不正确的是（　　）。

A．直播表情包可以增加直播内容的趣味性

B．软文推广能避免读者反感

C．直播表情包可以促进直播内容的传播

D．直播营销活动的传播形式只能选择一种

（2）以下关于直播间粉丝运营的说法中，不正确的是（　　）。

A．只要提供有价值的内容就能够稳定粉丝

B．主播需要积极与粉丝进行互动

C．维护粉丝群时，广告、活动信息等尽量不要发在粉丝群里

D．主播打造正面积极的IP形象有利于增强粉丝的崇拜感和亲近感

（3）以下关于数据复盘的说法中，不正确的是（　　）。

A．数据分析是从客观层面对营销数据进行分析

B．如果营销活动的效果超出预期目标，则不需要进行数据复盘

C．数据复盘的主要目的是优化营销效果

D．如果营销活动的效果没有达到预期目标，则需总结失误之处

（4）以下选项中，不属于直播间用户信息数据的是（　　）。

A．购买偏好　　B．年龄分布

C．地域分布　　D．发送弹幕次数

2. 填空题

（1）数据复盘的核心内容包括____________和____________两部分。

（2）直播运营团队可以通过创作优质内容、____________、分享专属信息、____________等方式来提升粉丝黏着性。

（3）直播数据分析的常用指标包括____________、____________、流量数据、互动数据、转化数据等。

（4）____________能最直观地体现主播的直播带货能力。

学习成果评价

完成所有学习任务之后，请读者按照以下要求完成学习成果评价。

全班同学每5人一组，各组成员结合课前、课中和课后的学习情况和项目实训情况，按照表6-2的评价标准对该项目的学习效果进行自评和互评，并请教师进行总体评价。

表6-2 学习成果评价表

<table>
<tr><th rowspan="2">评价项目</th><th rowspan="2">评价内容</th><th rowspan="2">分值</th><th colspan="3">评价得分</th></tr>
<tr><th>自评</th><th>互评</th><th>师评</th></tr>
<tr><td rowspan="6">知识
（40%）</td><td>目标用户定位</td><td>5分</td><td></td><td></td><td></td></tr>
<tr><td>传播形式的选择</td><td>10分</td><td></td><td></td><td></td></tr>
<tr><td>直播间粉丝运营</td><td>5分</td><td></td><td></td><td></td></tr>
<tr><td>数据复盘的核心内容</td><td>5分</td><td></td><td></td><td></td></tr>
<tr><td>直播数据的获取与分析</td><td>10分</td><td></td><td></td><td></td></tr>
<tr><td>直播经验总结</td><td>5分</td><td></td><td></td><td></td></tr>
<tr><td rowspan="2">技能
（40%）</td><td>传播直播营销活动</td><td>20分</td><td></td><td></td><td></td></tr>
<tr><td>复盘直播营销活动</td><td>20分</td><td></td><td></td><td></td></tr>
<tr><td rowspan="4">素养
（20%）</td><td>善于团队合作、与人沟通</td><td>5分</td><td></td><td></td><td></td></tr>
<tr><td>按时、积极参加教学活动</td><td>5分</td><td></td><td></td><td></td></tr>
<tr><td>高质量地完成课前预习、课后复习</td><td>5分</td><td></td><td></td><td></td></tr>
<tr><td>具备良好的学习态度</td><td>5分</td><td></td><td></td><td></td></tr>
<tr><td colspan="2">合 计</td><td>100分</td><td></td><td></td><td></td></tr>
<tr><td>总评</td><td>自评（20%）+互评（20%）+师评（60%）=</td><td>综合等级：</td><td colspan="3">教师（签名）：</td></tr>
</table>

项目七

“短视频+直播”案例综合实战

项目导读

《淘宝直播2021年度报告》显示，过去一年淘宝上诞生了近1 000个成交额突破1亿元的直播间，其中商家直播间占比超过55%，90%的新品牌都已在淘宝直播间开播，并且这些新品牌的成交增幅达到了329%。由此可见，在淘宝平台上直播已经成为各大品牌和电商主播的常态。

本项目将在淘宝平台上开启一场“短视频+直播”营销活动，包含明确直播营销目的和方式、前期策划、中期实施、后期传播及数据复盘的完整营销活动流程。

知识目标

- 掌握短视频营销在直播营销过程中的作用。
- 掌握直播营销活动的整体流程。

能力目标

- 能够在淘宝平台进行直播活动。
- 能够利用短视频宣传直播活动。

素质目标

- 自觉把学习的过程变成自我提高的过程，将理论知识应用到实际中，并结合自身寻找差距。
- 自觉培养团队协作意识，加强沟通合作，为达成共同的目标贡献自己的力量。

任务一 明确直播营销目的和方式

任务实施

一家以箱包为主要经营产品的公司为迎合学生的开学季，计划在9月中旬举办一场直播营销活动，宣传并销售新推出的、专门为学生群体设计的潮流背包。由于该公司在淘宝平台上拥有官方旗舰店，所以选择在淘宝平台上开展这场直播营销活动。策划直播营销活动之前我们首先需要明确直播营销的目的和方式。

步骤1 明确直播营销目的。从公司整体的营销目标来看，本次直播营销活动主要是宣传新推出的潮流背包，在短期内快速提高背包的销量，因此属于短期营销。并且，由于本次直播营销活动的目标用户群体是在校学生，属于消费能力较低的群体，不宜定下较高的销售目标，故本次直播营销活动的目的可设置为“向用户宣传新推出的潮流背包，并在活动结束后，将公司淘宝官方旗舰店的月销售额提高5%”。

步骤2 明确直播营销方式。形象好、气质佳的主播更容易吸引目标用户，并且将不同背包的风格进行对比展示可以增强产品的说服力，有助于用户选择适合自己的背包风格，因此选择“形象营销+对比营销”作为主要的直播营销方式。

任务二 策划直播营销活动

任务实施

前期策划是直播营销活动中至关重要的一步，为便于读者理解，我们将整个过程分为确定直播营销方案，设计直播间并组建直播团队，直播宣传与引流

3个部分讲解。

（一）确定直播营销方案

步骤1 明确直播目的。通过本次直播营销活动，向用户宣传新推出的潮流背包，并在活动结束后，将公司淘宝官方旗舰店的月销售额提高5%。

步骤2 撰写直播简述。本次直播营销活动以“潮包来袭，助力开学季”为主题，向用户展示并讲解不同风格、不同款式的背包。为吸引更多用户前来观看直播，本次直播所展示的背包均以超低优惠价在直播间销售，并在直播过程中设置抽奖环节。直播活动将于2021年9月18日下午3点半在淘宝平台的官方账号中开启。

步骤3 确定人员分工。本次直播营销活动主要向学生群体宣传新推出的潮流背包，直播产品比较单一，直播营销的整个流程设计也相对简单，因此，活动的参与人员可由编导、主播、场控和客服组成。其中，编导负责撰写直播营销方案；主播负责展示与讲解直播产品，并与用户互动；场控负责直播中控台的所有操作；客服负责直播间的互动答疑，并负责解决背包的售后发货等问题。

步骤4 设置时间节点。在正式直播的前4天时间内，需要完成本场直播营销活动的前期策划工作；正式直播时间为2021年9月18日下午3点半到4点半；在直播结束的当天，直播运营团队需要对直播数据进行复盘与整理，并总结经验和教训；直播结束后的3天时间内，直播运营团队需要将剪辑处理好的直播视频发布在微博、抖音等平台，达到二次传播、效果发酵的目的。

步骤5 实施预算控制。本次直播营销活动的预算分为4个部分。

（1）购买专业的直播硬件：手机支架、补光灯等（预算150元）。

（2）购买直播道具：产品展示货架（预算500元）。

（3）付费宣传：根据实际直播情况，考虑是否需要为直播间付费宣传（预算150元）。

（4）直播福利：在直播过程中为粉丝发放的小礼品（预算100元）。

（二）设计直播间并组建直播团队

步骤1 筹备直播间所需的软硬件，如表7-1所示。

表 7-1　软硬件筹备说明

筹备工作	说 明
直播场地	干净、明亮的房间
直播道具	直播产品：不同款式的潮流背包；直播道具：直播抽奖奖品、产品展示货架
直播设备	手机、补光灯、手机支架等
直播软件	在淘宝主播App上登录官方账号并创建直播间，测试网络状况和直播相关功能，确保能够熟练操作

提示

淘宝主播App是阿里巴巴集团专门为淘宝主播推出的一款直播类软件，方便主播快速入驻和开播，助力主播成长。通过淘宝主播App，主播还可以随时查看自己的数据版面，第一时间掌握直播数据。

步骤2 在正式开启直播前，将直播产品整齐摆放在产品展示货架上，并且将抽奖奖品整齐摆放在桌面上，调整好手机支架、补光灯等直播设备的位置，营造一个明亮、舒适的直播环境，如图7-1所示。

图 7-1　直播间布置

步骤3 组建直播团队。本次直播营销活动的团队成员有4人，分别是编导1人、主播1人、场控1人、客服1人。本次直播营销活动的核心岗位是主播，其他团队成员需要围绕主播来开展工作。所选的主播应形象好、气质佳、谈吐自然，并且对不同款式背包的特点非常了解。

（三）直播宣传与引流

步骤1 使用公司在其他平台的官方账号发送宣传信息。在微博发送直播预告、在微信公众号推送直播内容介绍软文。

步骤2 在抖音平台，利用抖音自带的"分享"功能，将直播间地址分享到不同的平台和粉丝群。

任务三　实施直播营销活动

任务实施

实施直播营销活动的平台是淘宝主播App，实施过程中主播需要使用不同的话术进行开场、互动和收尾，因此我们对主播的营销话术进行了设计并展示在了直播过程中，供读者参考。

步骤1 在淘宝主播App主界面的直播预告处点击"去直播"按钮，然后在打开的界面中点击"开始直播"按钮进入直播界面，直播就正式开始了，如图7-2所示。

步骤2 点击直播界面下方的"更多"→"通知粉丝"按钮，然后在弹出的提示框中点击"确认"按钮，即可将直播信息推送给粉丝，提醒粉丝观看直播，如图7-3所示。

图7-2　开始直播

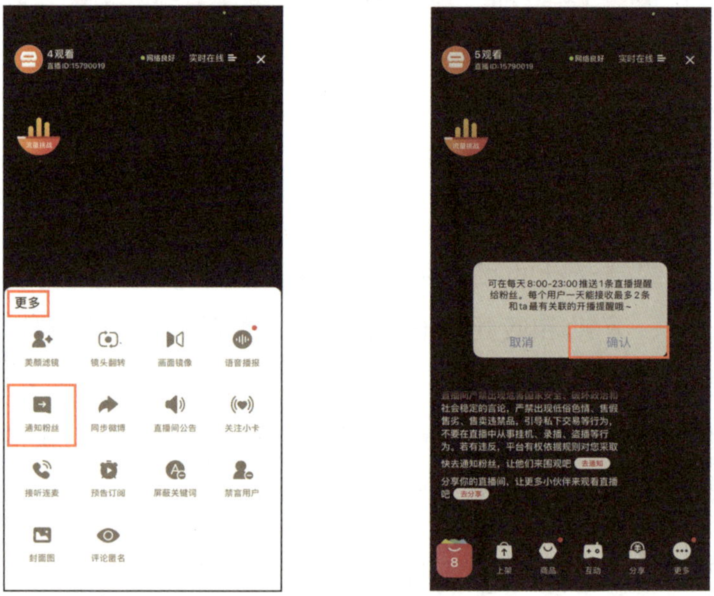

图7-3　将直播信息推送给粉丝

步骤3 直播开场。主播鼓掌欢迎大家并向用户展示产品货架（见图7-4），展示过程中采用“直白介绍”的形式，对本次直播内容进行介绍。直播开场话术可以参考表7-2。

图7-4　主播鼓掌并展示产品货架

表7-2　直播开场话术

项　目	主播话术
主播自我介绍	Hello，大家好！我是主播小亿，欢迎大家来到"亿品小箱包"直播间。（主播鼓掌）
直播内容介绍	恰逢开学季，大家是不是又需要买包包了？为了满足大家对背包的需求，今天我们的直播主题就是"潮包来袭，助力开学季"。我为大家带来了几款不同风格的潮流背包，非常适合在校学生购买。（主播展示产品货架） 同时，为了回馈新老顾客，今天直播间介绍的各种背包均以超低的优惠价在直播间销售，错过就再也没有这么优惠了，大家一定要抓住机会哦

步骤4 介绍直播福利，并向用户展示抽奖奖品（见图7-5），同时引导用户关注和分享直播间。在引导用户分享直播间时，可进行操作示范，即点击直播界面底部的"分享"按钮，打开"分享"界面，然后点击"分享直播间"按钮即可生成分享海报，接着主播可以引导用户将直播间信息分享到微信、QQ和支付宝等平台，如图7-6所示。

图7-5　主播展示抽奖奖品

图7-6　分享直播间

步骤5 产品营销。根据不同款式背包的特点，按照“四步营销法”的步骤来介绍各款背包产品。首先进行需求引导；然后引入要介绍的产品；接着对背包进行现场展示（见图7-7），让用户能直观地看到实物，以此来赢得用户的信任；最后通过打造直播间的价格优势降低用户的心理防线，促成用户下单。产品营销话术可以参考表7-3。

直播产品介绍

图7-7　主播展示产品

表 7-3　产品营销话术

项　目		主播话术
背包介绍	需求引导	大家平常有没有遇到过这种情况，背上喜欢的包包，却发现装不了多少东西，而能装很多东西的包包背起来却不好看。今天我们直播间推荐的背包就能帮您解决这种烦恼
	引入产品	首先推荐的是一款校园风的背包，这款背包既时尚又百搭，多口袋设计，采用防泼水材质，可以放下A4杂志、大本书籍等，特别适合学生背。这款背包还有一个最大的亮点，就是它可以斜挎、手拎、单肩背，只需简单调节背带的长度就可以让你同时拥有3款背包。想怎么背就怎么背，背出不一样的风格。（同时进行现场展示） 此外，如果大家购买这款背包，还会赠送超可爱的兔子玩偶和徽章哦，挂在背包上，释放不一样的天真与活力。 接下来要介绍的是我们的第二款产品……
	赢得信任	今天直播间推荐的这些背包，我们在线下都卖得非常火爆，相信大家平常出门也能看到不少类似的款式，顾客的反馈都非常好
	促成下单	今天我们直播间介绍的这几款背包全部以超低的优惠价售卖，买到就是赚到。大家可以点击屏幕下方的链接下单购买，抓紧时间抢购吧

步骤6（场控）点击直播界面下方的"上架"按钮，在打开的"选择商品"界面中选择某个商品进行上架，注意应选择正在讲解的商品或接下来将要讲解的商品，然后点击商品右侧的"标记讲解"按钮，如图7-8所示。

提示

标记讲解后，错过直播的用户在观看直播回放时，只要点击自己感兴趣的商品，进度条就可以直接跳到该商品讲解处，方便用户快速了解所选商品。

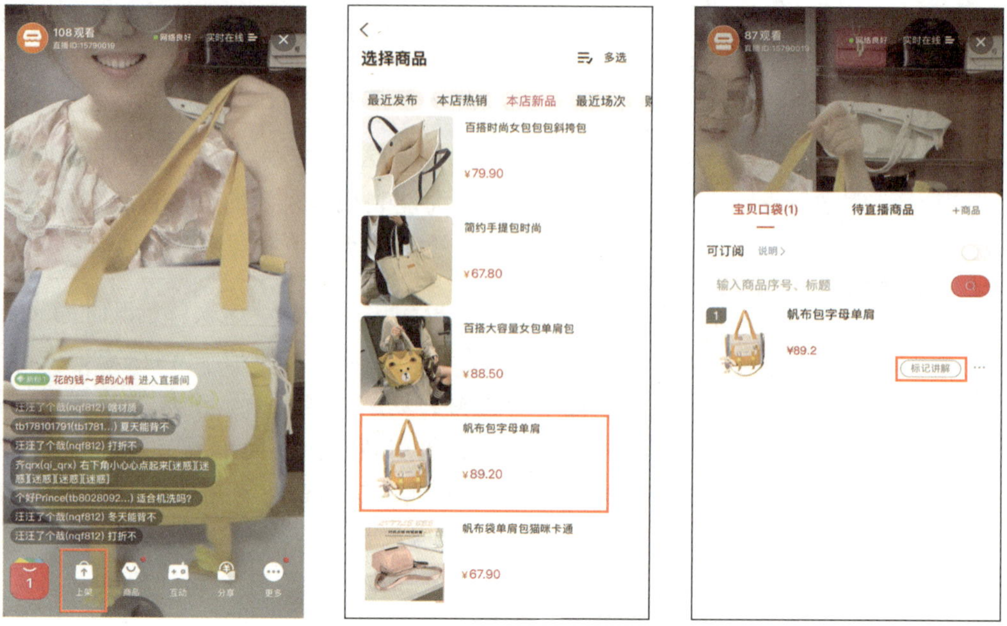

图7-8　上架商品并标记讲解

步骤7 直播互动。在直播过程中，为引起用户的兴趣并留住用户，主播可以适时开展抽奖活动（如发送弹幕截屏抽奖等）并与用户积极互动，如图7-9所示。

图7-9　直播中的抽奖互动

步骤8 直播收尾。在直播即将结束时，采用销售转化和引导关注两种方法将流量引至销售平台和微信公众号。此外，为充分利用直播间的流量，主播应对下次直播活动进行预告。直播收尾的话术可以参考表7-4。

表7-4 直播收尾话术

项 目	主播话术
销售转化	感谢大家的支持和喜欢，也感谢大家在百忙之中抽出宝贵的时间来观看亿品的直播。直播结束后，大家可以联系我们的在线客服，输入"开学优惠享不停"，享受"15天无理由退换+赠送运费险"的服务。所以你还在犹豫什么呢，赶快下单吧
引导关注	喜欢我们的小伙伴还可以关注我们的微信公众号"亿品小箱包"。关注微信公众号后，我们每天的直播预告、产品打折信息等都会通过这个微信公众号推送给大家
直播预告	我们今天的直播就到这里喽！明天直播我们会给大家带来各个款式的行李箱，大家一定要记得观看哦！明天晚上7点半，我们不见不散

步骤9 点击直播界面右上角的"关闭"按钮✕，然后在弹出的提示框中点击"终止直播"按钮，结束本场直播，如图7-10所示。

图7-10 终止直播

任务四　传播直播营销活动

任务实施

本次直播营销活动使用剪映App将直播视频制作成浓缩摘要类短视频进行传播，方便用户快速了解本次直播的内容。为便于读者理解，我们将整个过程分为制作开场视频，剪辑直播视频，合成视频并添加片尾，添加转场特效，添加背景音乐和导出并分享视频6个部分讲解。

制作直播宣传短视频

（一）制作开场视频

步骤1 打开剪映App，点击“开始创作”按钮，进入素材选取界面。

步骤2 在“最近项目”面板中的“照片”选项卡中选择本书的配套素材“项目七”→“任务四”→“开场素材.JPG”文件，然后点击右下角的“添加”按钮，导入图片素材，如图7-11所示。

步骤3 点击操作界面底部的“文本”→“新建文本”按钮，在文本框中输入多行文本“给大家推荐几款 适合学生党的潮流背包”。在“花字”选项卡中，选择合适的花字样式，切换至“气泡”选项卡，选择一种气泡，切换至“动画”选项卡，选择“入场动画”中的“爱心弹跳”效果，并拖动下方的时间轴滑块调整动画的持续时间，如图7-12所示。最后，适当调整文本框的大小和位置，点击右侧的“确定”按钮。

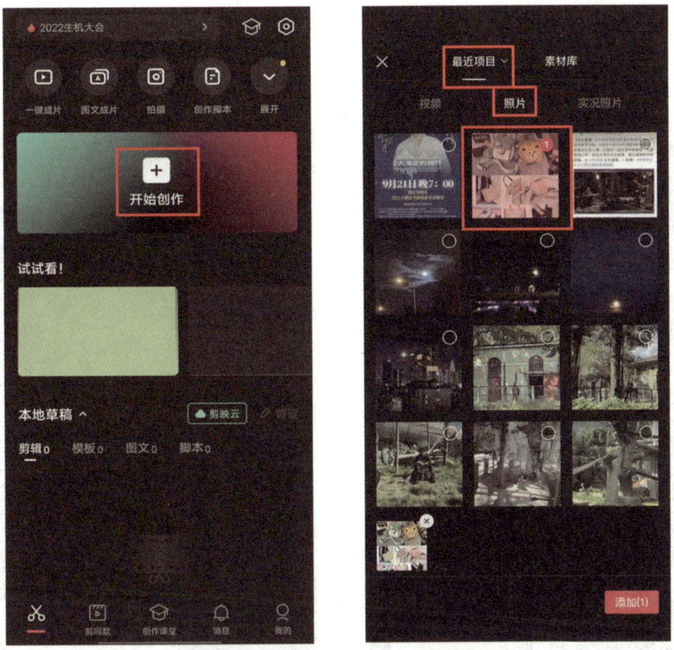

图 7-11 导入图片素材

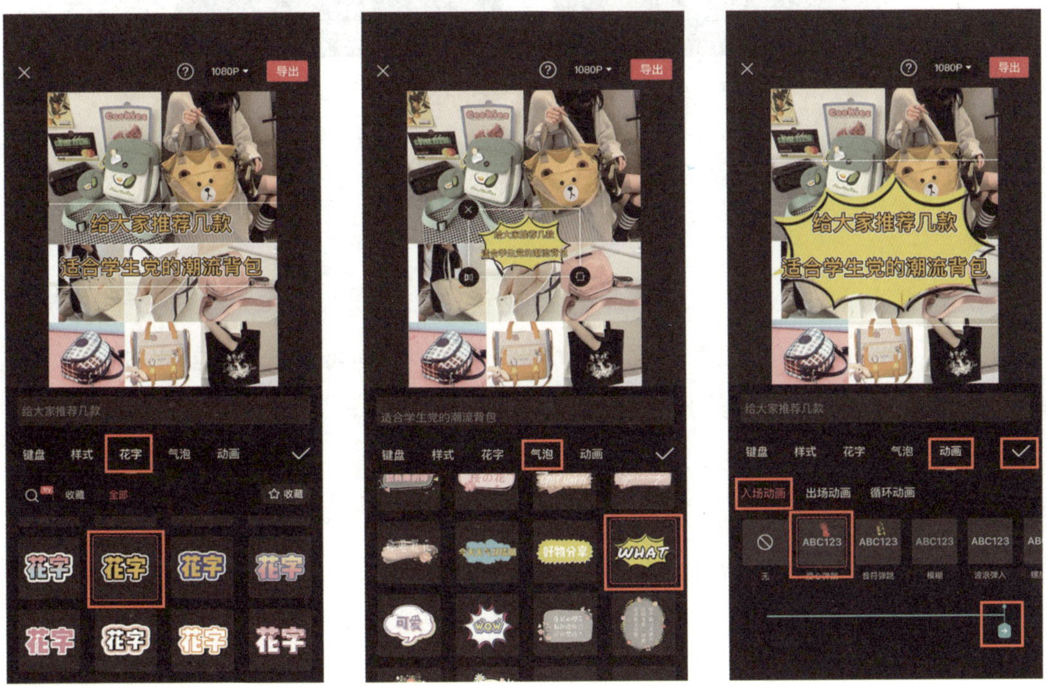

图 7-12 设置文本效果

步骤4 点击操作界面底部的“文本朗读”按钮，将音色设置为“动漫小新”，然后点击“确定”按钮，如图7-13所示。

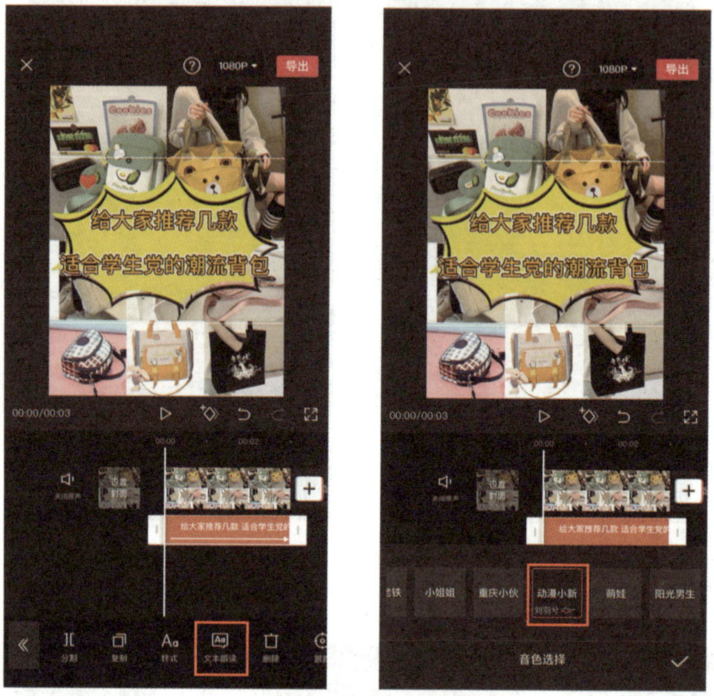

图7-13　设置文本朗读效果

提示

设置文本朗读效果后，可能会出现视频、文本朗读、文本三者时长不同的情况，这时可依次选中视频时间轴和文本时间轴，并拖动右侧滑块，使它们与文本朗读的持续时长相同，如图7-14所示。改变视频时长后，应注意调整前面所设置文本动画等的时长是否匹配。为此，可点击操作界面底部的“样式”按钮，并切换至“动画”选项卡，拖动下方时间轴上的滑块，将动画的持续时间调整至与视频时长相同，并点击右侧的“确定”按钮，这样呈现出来的视频效果更佳，如图7-15所示。

步骤5 选中视频时间轴最右侧的片尾视频片段，点击下方的“删除”按钮删除该片段，如图7-16所示。

图 7-14　调整视频和文本的持续时长

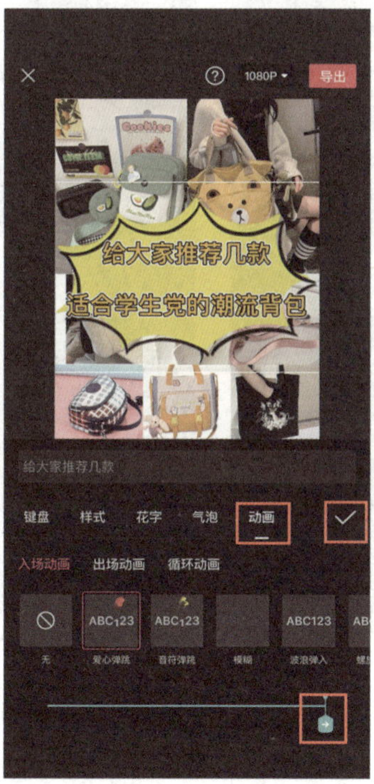

图 7-15　调整动画的持续时长

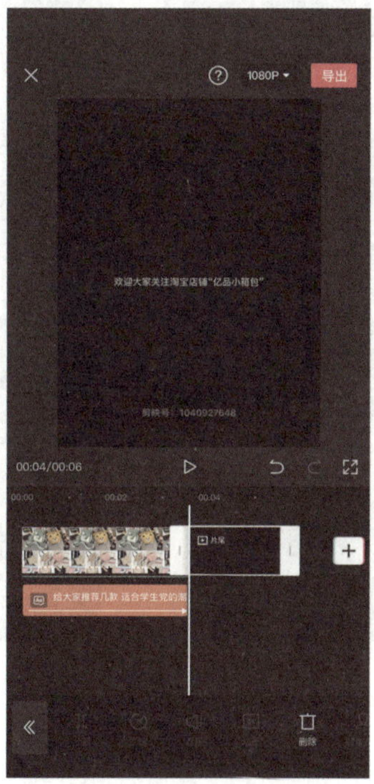

图 7-16　删除片尾视频

步骤6 点击操作界面右上角的“导出”按钮，将视频导出并下载到手机上，然后点击界面下方的“完成”按钮。

（二）剪辑直播视频

步骤1 点击“开始创作”按钮，进入素材选取界面。在“最近项目”面板中的“视频”选项卡中选取本书配套素材“项目七”→“任务四”→“直播视频素材”→“直播视频素材1.mp4”文件，然后点击右下角的“添加”按钮，导入直播视频，如图7-17所示。

步骤2 向左拖动视频时间轴，使时间线位于第1分21秒处，然后点击操作界面底部的“剪辑”→“分割”按钮，继续向左拖动视频时间轴，使时间线位于第1分39秒处，再次点击“剪辑”→“分割”按钮，将视频分成3段，如图7-18所示。依次选择视频时间轴最左侧和最右侧的视频片段，然后点击“删除”按钮，完成视频片段的截取。

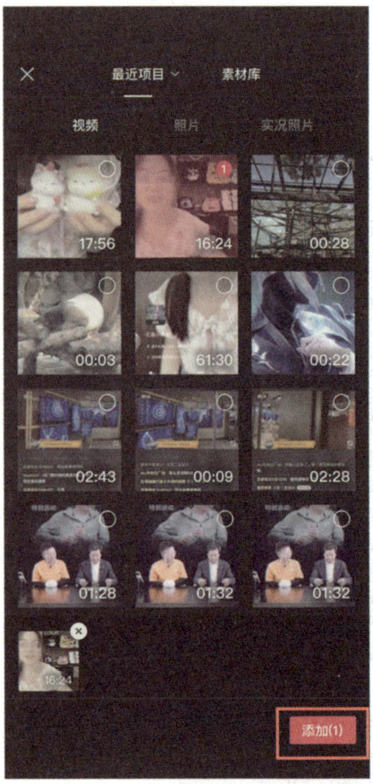

图7-17　导入直播视频

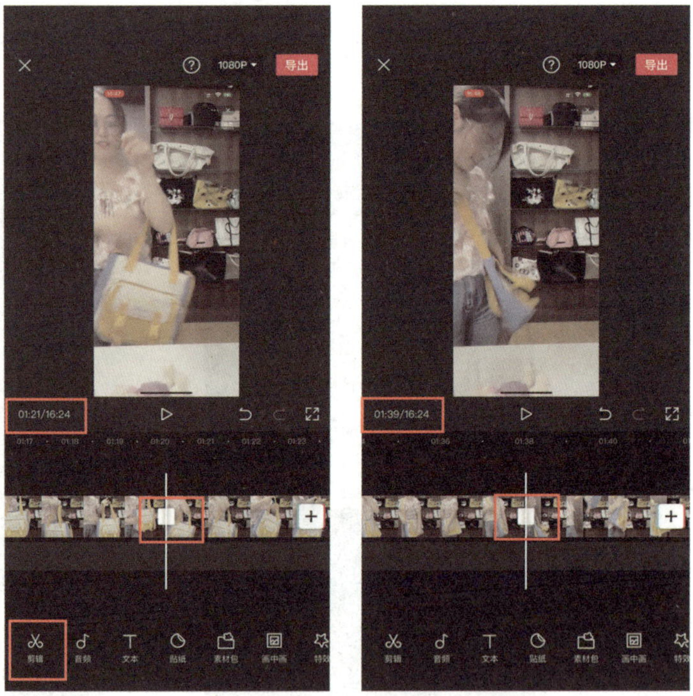

图7-18　分割视频

步骤3 使时间线位于视频时间轴开始处，点击时间轴左侧的“关闭原声”按钮，然后点击操作界面底部的“剪辑”→“变速”→“常规变速”按钮，在展开的界面中拖动圆形滑块至2 x处，最后点击“确定”按钮，如图7-19所示。

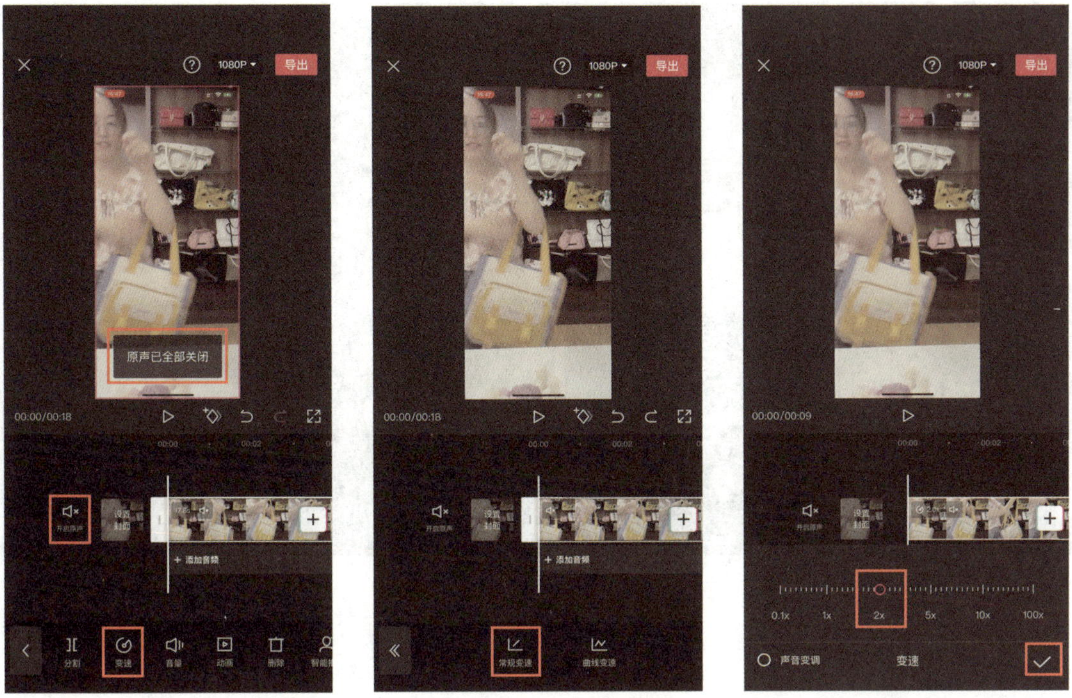

图7-19 关闭视频原声并设置变速效果

步骤4 点击操作界面底部的“文本”→“新建文本”按钮，在文本框中输入多行文本“时尚百搭 多口袋设计 多种背法”。在“样式”选项卡中，将字体样式设置为“新青年体”，颜色设置为绿色，切换至“气泡”选项卡，选择一种气泡效果，切换至“动画”选项卡，选择“循环动画”中的“摇荡”效果，并将下方的圆形滑块拖动到第0.8秒处，如图7-20所示。适当调整文本框的大小和位置，点击右侧的“确定”按钮。

步骤5 选中视频时间轴下方的文本时间轴，拖动其右侧滑块，使文本与视频的持续时长相同，如图7-21所示。

步骤6 点击操作界面右上角的“导出”按钮，将剪辑好的第1款背包视频导出并下载到手机上，然后点击界面下方的“完成”按钮。

步骤7 参照步骤1至步骤2，从直播视频素材1中分别截取5分40秒～5分55秒、8分27秒～8分42秒、10分49秒～11分12秒的视频片段，从直播视频素材2中分别截取2分33秒～2分50秒、5分10秒～5分29秒、

8分01秒～8分20秒、14分40秒～14分57秒的视频片段，然后参照步骤3至步骤6对截取的视频片段进行剪辑。

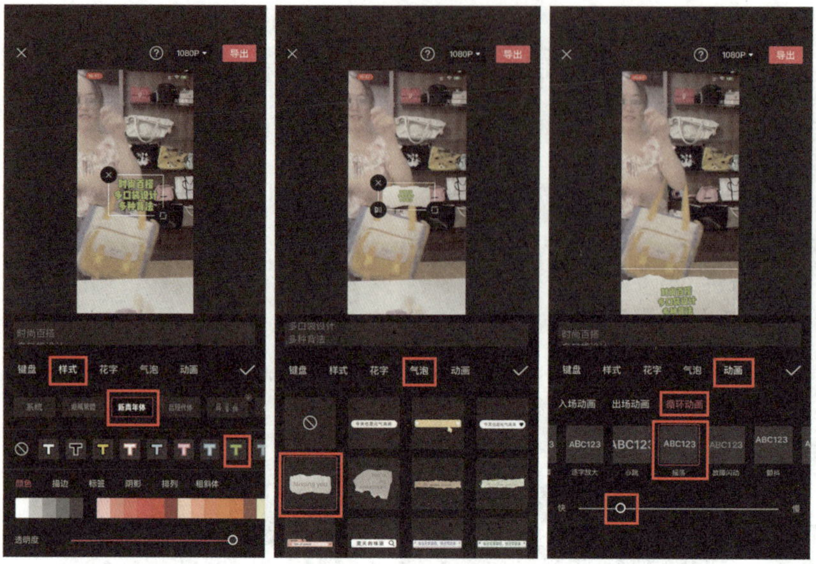

图7-20 设置文本效果

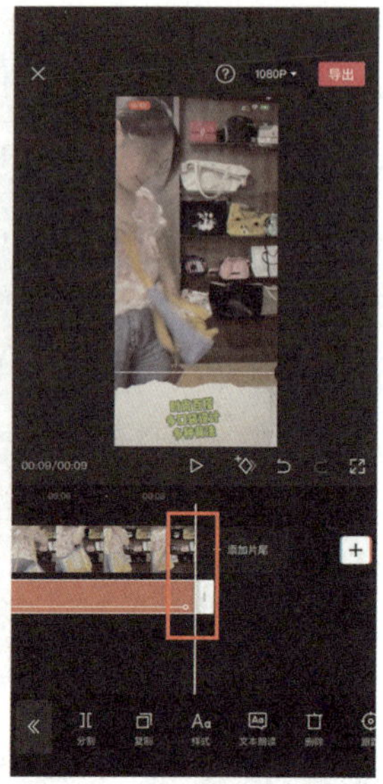

图7-21 调整文本效果的持续时长

提示

该宣传视频为直播中介绍的8款背包的展示合集。读者也可充分发挥想象力，根据自己的喜好对直播视频进行剪辑。

（三）合成视频并添加片尾

步骤1 点击“开始创作”按钮，在“最近项目”面板中的“视频”选项卡中依次选择制作好的开场视频和8款背包的视频片段，然后点击界面右下角的“添加”按钮，如图7-22所示。

提示

为方便操作，读者也可直接使用本书配套素材“项目七”→“任务四”文件夹中已经制作好的视频片段。

步骤2 向左拖动视频时间轴，使时间线位于第1分15秒处（即视频结束位置），然后点击时间线右侧的"+添加片尾"按钮，在视频预览窗口的文本框中输入"欢迎大家关注淘宝店铺'亿品小箱包'"，最后点击"确定"按钮，如图7-23所示。

图7-22 合成视频

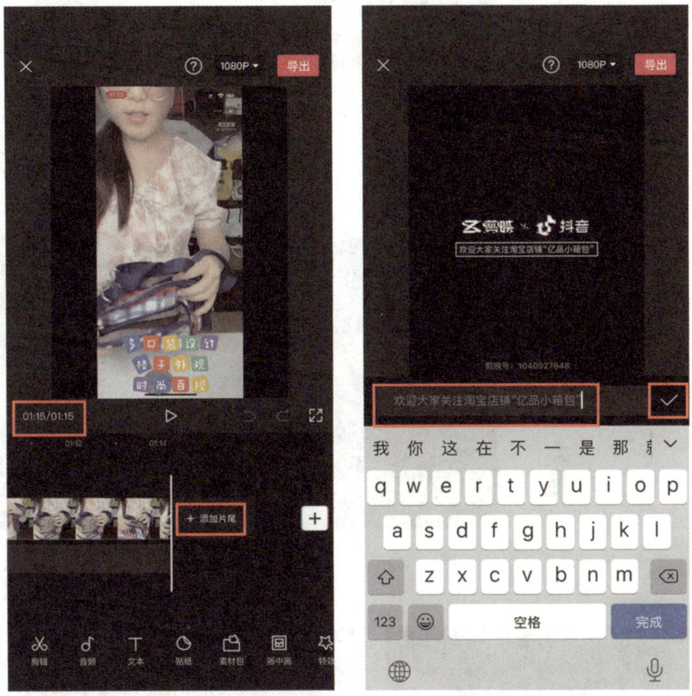

图7-23 添加片尾

（四）添加转场特效

步骤1 点击视频时间轴上的第1个分割标记（位于开场视频和第1款背包视频中间），在弹出的转场界面中选择"遮罩转场"中的"画笔擦除"效果，并将转场时长调整为1秒，然后点击"确定"按钮，如图7-24所示。

步骤2 点击视频时间轴上的第2个分割标记（位于第1款背包视频和第2款背包视频中间），在弹出的转场界面中选择"基础转场"中的"左移"效果，并将转场时长调整为1.5秒，然后点击"确定"按钮，如图7-25所示。

步骤3 参照步骤2，为视频时间轴上的第3个至第8个分割标记添加相同的转场特效。

步骤4 点击视频时间轴上的最后一个分割标记（位于第8款背包视频和片尾视频中间），将其转场特效设置为"基础转场"中的"叠化"效果，并将转场时长调整为0.5秒，然后点击“确定”按钮☑，如图7-26所示。

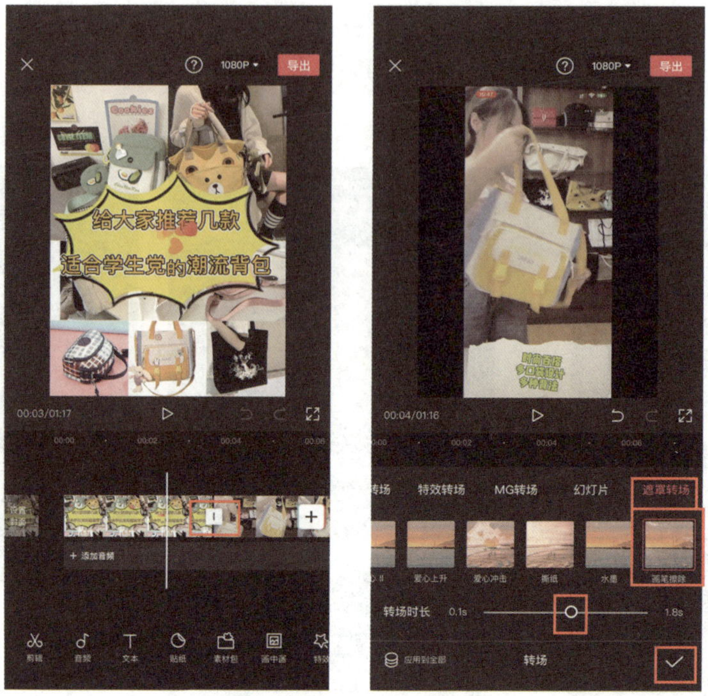

图7-24　设置第1个转场特效

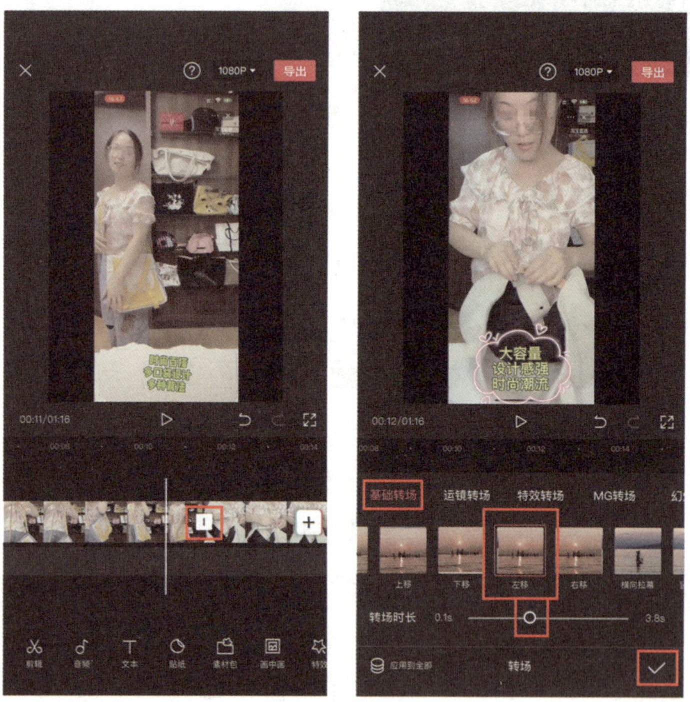

图7-25　设置第2个转场特效

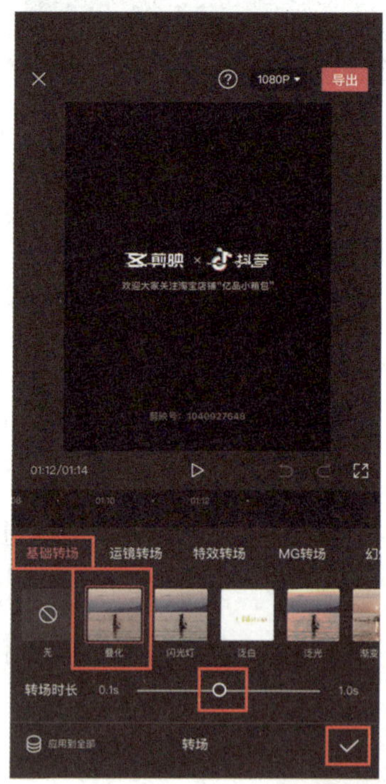

图7-26　设置最后一个转场特效

（五）添加背景音乐

步骤1 向右拖动视频时间轴，使时间线位于视频开始处，点击操作界面底部的"音频"→"音乐"按钮，选择合适的背景音乐，点击其右侧的"下载"按钮进行下载，下载成功后"下载"按钮变为"使用"按钮，然后点击该按钮，如图7-27所示。

步骤2 选中音乐时间轴并拖动其右侧滑块到视频的第1分05秒处，即视频的结束位置，如图7-28所示。

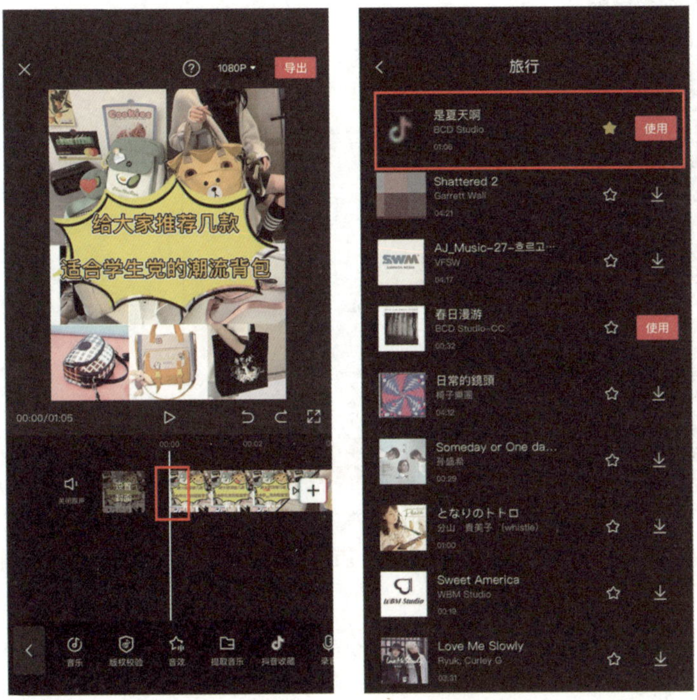

图7-27 设置背景音乐

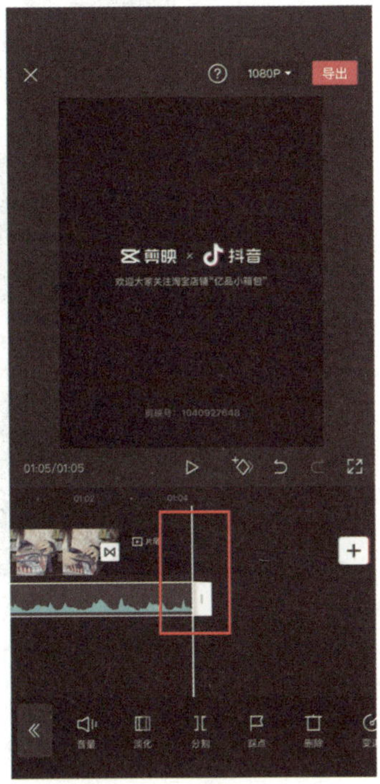

图7-28 调整音乐的持续时长

（六）导出并分享视频

步骤1 点击操作界面右上角的"导出"按钮，将视频导出并下载到手机上。在导出成功的界面中点击"分享视频到"设置区中的"抖音"按钮（见图7-29），可自动打开抖音App。

步骤2 点击"下一步"按钮，在打开的"发布"界面中点击"# 话题"按钮，并输入文本"适合学生党的潮流背包"，然后点击上方的"完成"按钮。

步骤3 点击“发布”界面右上角的“选封面”按钮，在打开的界面中选择视频预览框下的第1张图片作为封面。然后，点击界面右上角的“保存”按钮，返回“发布”界面。最后，点击“发布”界面下方的“发布”按钮即可发布视频，如图7-30所示。

图7-29　分享视频

图7-30　发布视频

任务五　复盘直播营销活动

任务实施

直播结束后，对淘宝官方旗舰店的销售数据进行统计，发现并没有达到前期设定的直播营销目的，直播运营团队需要及时对此次直播营销活动进行数据复盘，包括数据分析与经验总结。

（一）数据分析

直播运营团队可以利用淘宝自带的生意参谋获取直播数据，并对其进行分析，具体操作步骤如下。

步骤1 在PC端的浏览器中打开淘宝官网（https://www.taobao.com/）并登录淘宝账号，然后单击右上角的"千牛卖家中心"按钮进入千牛商家工作台首页，如图7-31所示。接着，单击千牛商家工作台左侧导航栏中的"数据"选项卡，即可打开生意参谋首页，如图7-32所示。

图7-31　千牛商家工作台首页

图7-32　生意参谋首页

步骤2 单击上方导航栏中的“直播”按钮，进入“直播间业绩”界面，然后单击“我的直播列表”按钮，在展开的直播列表中单击要分析的直播场次的直播标题，如图7-33所示。

图7-33 选择直播场次

步骤3 进入淘宝直播数据界面，在该界面中可直观看到该场直播的成交金额、最高在线人数，如图7-34所示。从图中可以看出，本场直播的成交金额不高，且最高在线人数也很少。

步骤4 在淘宝直播数据界面的左上角可以查看直播间的流量数据，包括观看次数、观看人数、观看时长、新增粉丝等，如图7-35所示。从图中可以看出，本场直播的流量数据整体偏低。

步骤5 在淘宝直播数据界面的流量数据下方可以查看直播间的在线人数和流量来源趋势图。单击该模块右上角的“展开”按钮■，可查看相关大图，如图7-36和图7-37所示。

图 7-34　淘宝直播数据界面

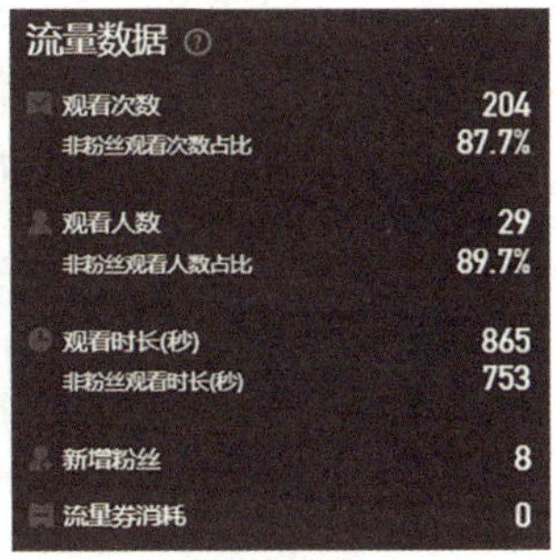

图 7-35　直播间流量数据

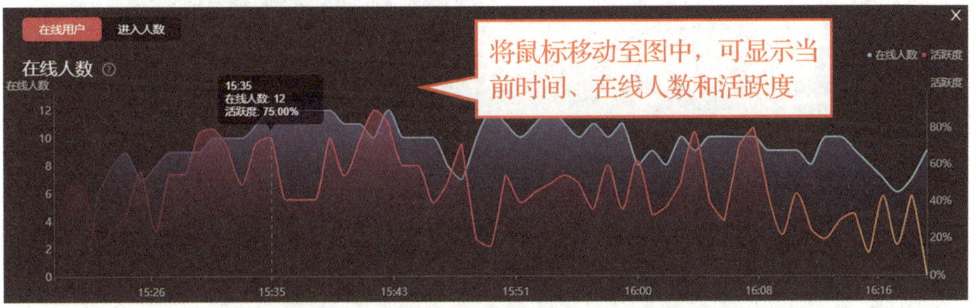

图 7-36　直播间在线人数趋势图

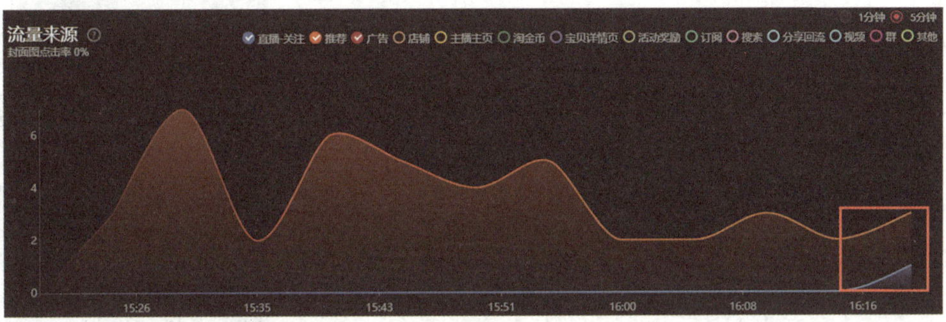

图 7-37　直播间流量来源趋势图

从图 7-36 中可以看出，当日 15 点 35 分时直播间在线人数和用户活跃度都相对较高，将直播回放定位到此处，可以发现此时主播正在介绍一款很受欢迎的背包。此外，还可以看出，15 点 42 分时直播间用户活跃度达到最高，将直播回放定位到此处，可以发现此时主播正在进行抽奖互动。

从图 7-37 中可以看出，直播过程中有多次流量增加的情况，且 16 点 16 分之后关注直播间的人数仍有小幅度增加，将直播回放定位到此处，可以发现此时直播快要结束，主播正引导用户关注直播间。

步骤6 单击在线人数和流量来源趋势图右上角的“关闭”按钮将其关闭。在淘宝直播数据界面的直播成交金额下方可以查看本场直播的商品数据，包括商品上架时间、上架时刻在线人数、点击人数、成交件数、成交金额。单击“成交金额”右侧“排序”按钮中的下三角形，将其变成“由大到小排列”按钮，可以将商品按成交金额由大到小排列，如图7-38所示。

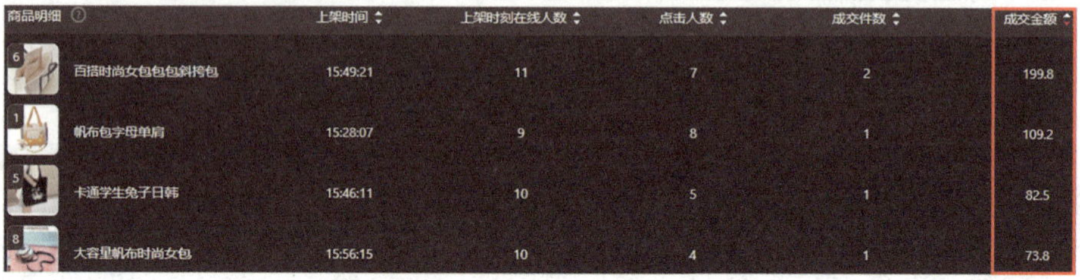

商品明细	上架时间	上架时刻在线人数	点击人数	成交件数	成交金额
6 百搭时尚女包包包斜挎包	15:49:21	11	7	2	199.8
1 帆布包字母单肩	15:28:07	9	8	1	109.2
5 卡通学生兔子日韩	15:46:11	10	5	1	82.5
8 大容量帆布时尚女包	15:56:15	10	4	1	73.8

图7-38　直播间商品数据

从图中可以看出，“百搭时尚女包 包包 斜挎包”这款背包的成交件数和成交金额最高，比较受用户喜爱；“帆布包字母单肩”这款背包的点击人数最多，但成交件数较少。

步骤7 在淘宝直播数据界面的右上角可以查看直播间的成交数据，包括商品点击率、成交人数、成交转化率、成交件数等，如图7-39所示。从图中可以看出，直播间商品点击率和成交转化率都相对较高，由此可知直播间商品对点进来的用户有很强的吸引力。

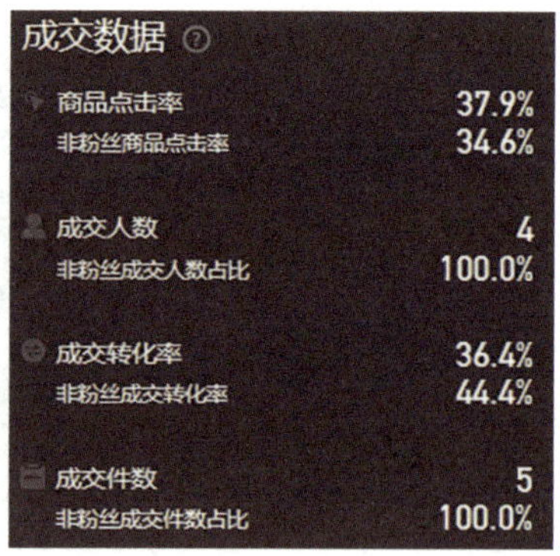

图7-39　直播间成交数据

步骤8 在淘宝直播数据界面的成交数据下方可以查看实时成交趋势图。单击该模块右上角的“展开”按钮，可查看大图，如图7-40所示。从图中可以看出，16时0分时，直播间实时成交金额达到峰值266元，表明此时直播间的销售额达到最高。

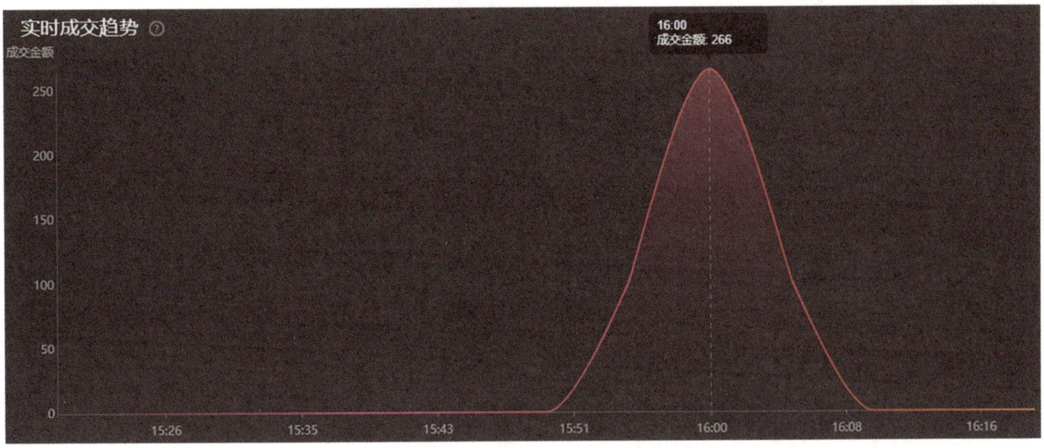

图 7-40　直播间实时成交趋势图

提示

除生意参谋外，直播运营团队还可以在淘宝主播App上查看并分析直播数据。点击"我的"→"我的直播"按钮，在直播列表中选择要分析的直播场次，然后点击下方的"数据"按钮，即可查看实时下播数据，如图7-41所示。

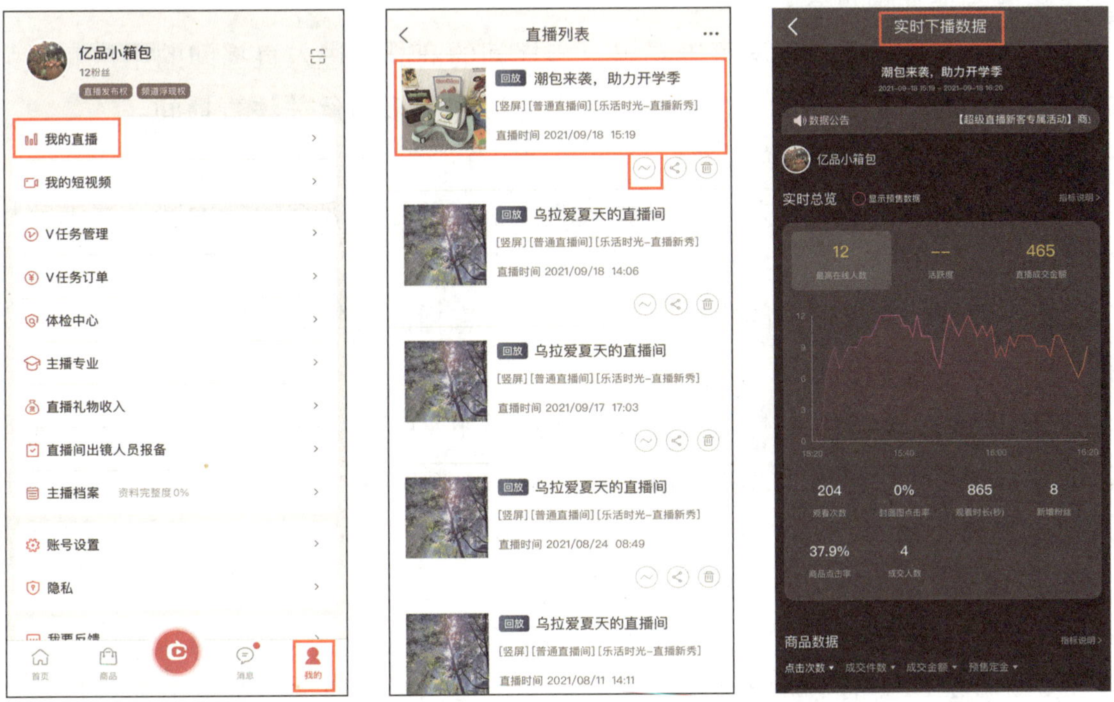

图 7-41　在淘宝主播App上查看直播数据

（二）经验总结

针对直播营销活动的整个流程，对本次直播营销活动进行经验总结，具体如下。

1. 直播数据的分析总结

（1）本次直播营销活动的目的是向观众宣传新推出的潮流背包，并在活动结束后，将公司淘宝官方旗舰店的月销售额提高5%。由于活动宣传力度不够、商品优惠力度小等原因，没有达到最终的营销目标。

（2）从直播数据趋势图可以看出，直播间在开展抽奖活动时，在线人数会大幅增加。因此，下一次直播时，可以在直播营销活动预算范围之内加大直播抽奖活动的力度。

（3）主播在对商品进行讲解时，尽量多提“优惠”“打折”“福利”等关键词，这样可以提高商品的点击次数。

（4）通过对商品的点击人数、成交人数、成交件数、成交金额等直播数据进行分析，发现部分商品点击人数较多但成交人数较少，即吸引力强但成交潜力弱，在这一方面可能存在定价、商品详情展示等方面的问题，须进一步优化价格策略或商品详情页等。

（5）从直播间成交数据可以看出，直播间的商品对进入直播间的用户有很强的吸引力，直播运营团队需加强粉丝运营，吸引更多粉丝关注直播间。

2. 直播营销活动的经验总结

（1）经验：主播能够及时回复观众的弹幕，并根据观众的需求展示并讲解相应的商品。

（2）教训：直播前期的宣传力度过小导致直播间人气比较低，因此在下一次直播时需加大前期的宣传引流。

（3）问题：本次直播时间是在下午3点半至4点半，下一次直播时尽量选择人流量较多的时间段（一般是晚上7点至10点）。此外，在直播互动过程中，主播用手机展示获奖用户名单时，用户视角看到的名字是反的，因此下一次直播中主播在展示获奖用户名单时可点击直播界面下方的“更多”按钮，在“更多”界面中点击“画面镜像”按钮，方便观众观看。

（4）方法：主播在讲解某款商品时，助理可以借助白板、平板电脑等直播道具展示商品的优惠力度，这样会更直观。

学习成果评价

完成所有学习任务之后，请读者按照以下要求完成学习成果评价。

全班同学每5人一组，各组成员结合课前、课中和课后的学习情况，按照表7-5的评价标准对该项目的学习效果进行自评和互评，并请教师进行总体评价。

表7-5　学习成果评价表

评价项目	评价内容	分值	评价得分		
			自评	互评	师评
知识（40%）	短视频的营销方式及作用	20分			
	直播的营销方式及流程	20分			
技能（40%）	利用短视频推广营销活动	20分			
	实施完整的直播营销活动	20分			
素养（20%）	善于团队合作、与人沟通	5分			
	按时、积极参加教学活动	5分			
	高质量地完成课前预习、课后复习	5分			
	具备良好的学习态度	5分			
合　计		100分			
总评	自评（20%）+互评（20%）+师评（60%）=	综合等级：	教师（签名）：		

参考文献

[1] 杨捷，任云花，徐艳玲．短视频编辑与制作［M］．北京：航空工业出版社，2021．

[2] 武晶晶，刘奇锋．直播营销［M］．北京：航空工业出版社，2021．

[3] 周英英．短视频+直播：内容创作、营销推广与流量变现［M］．北京：电子工业出版社，2021．

[4] 隗静秋，廖晓文，肖丽辉．短视频与直播运营 策划 制作 营销 变现：视频指导版［M］．北京：人民邮电出版社，2020．

[5] 魏艳．零基础学短视频直播营销与运营：实战案例版［M］．北京：化学工业出版社，2019．